亚洲经典著作互译计划

本书由 Q.Y.L VIENTIANE MEDIA AND TOURIST CO.,LTD 协助出版

游老挝

老挝新闻文化与旅游部旅游宣传局　编著

韦健锋　李丽　译

河北出版传媒集团

河北人民出版社

石家庄

图书在版编目（ＣＩＰ）数据

游老挝 / 老挝新闻文化与旅游部旅游宣传局编著 ；
韦健锋，李丽译. -- 石家庄：河北人民出版社，2023.7
ISBN 978-7-202-16128-9

Ⅰ．①游… Ⅱ．①老… ②韦… ③李… Ⅲ．①旅游指
南—老挝 Ⅳ．①K933.49

中国版本图书馆CIP数据核字(2022)第209430号
冀图登字 03－2023－137

本书依据新闻文化与旅游部文学出版司老挝作家协会 2023 年
009 号文件《版权证明书》，由老挝作家协会授权河北人民出版社
在中国出版发行。

书　　　名	游老挝
	YOU LAOWO
编　　　著	老挝新闻文化与旅游部旅游宣传局
译　　　者	韦健锋　李　丽

总策划编辑	王斌贤
策 划 编 辑	荆彦周　侯福河
责 任 编 辑	高　菲　陈冠英
美 术 编 辑	李　欣
封 面 设 计	于　越
责 任 校 对	余尚敏

出版发行	河北出版传媒集团　河北人民出版社
	（石家庄市友谊北大街330号）
印　　刷	河北新华第一印刷有限责任公司
开　　本	787毫米×1092毫米　1/16
印　　张	13
字　　数	210 000
版　　次	2023 年 7 月第 1 版　　2023 年 7 月第 1 次印刷
书　　号	ISBN 978-7-202-16128-9
定　　价	78.00 元

前言
QIANYAN

　　众所周知，当今旅游业发展迅速，全世界都将旅游业视为国家收入的重要来源。老挝政府高度重视旅游业，鉴于旅游业是国家创收中仅次于矿产业而排名第二的行业，它被列为国民经济计划中的优先事项之一。自1999—2000年老挝旅游年启动以来，到老挝旅游的外国游客人数不断增长，从1999年的614259人增至2013年的3779490人。

　　国内旅游对老挝旅游业的发展和国内经济发展具有重要意义，它能够促进国家经济发展，拓宽居民收入来源和减少外汇流失。特别是2013年，老挝获得了欧洲贸易和旅游协会颁发的"世界最受欢迎旅游国家"称号，这令拥有大量文化景观和自然景观、英勇历史传统的全体老挝人民感到骄傲和自豪。老挝拥有琅勃拉邦古城和占巴塞瓦普寺神庙两大世界遗产，还有众多的秀丽景观，相信您在观赏和体验之余必将留下难以忘怀的记忆。诚如谚语所言："人不出门看不到远方，人不学习就没有学问。"这句谚语表明，如果我们哪儿都不去，就无法了解和接触到新事物新际遇，也无法接触和熟悉不同地域的独具特色的风土人情。

目录
MULU

万象市

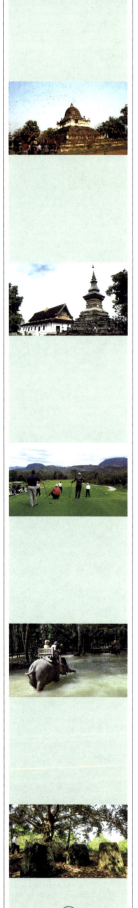

琅勃拉邦省

川圹省

华潘省

沙耶武里省

万象省

赛宋本省

波里坎赛省

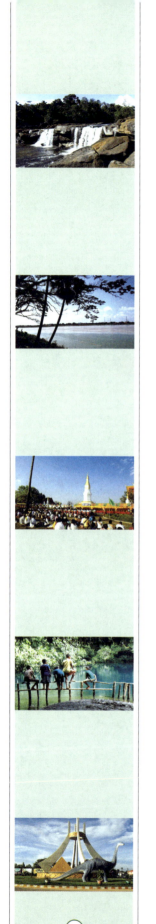

甘蒙省

沙湾拿吉省

占巴塞省

沙拉湾省

塞公省

阿速坡省

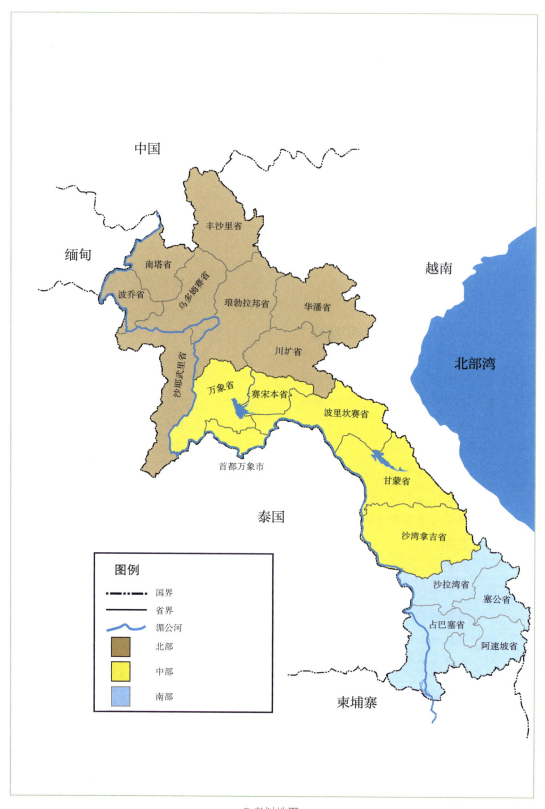

中国

缅甸

越南

丰沙里省

南塔省

波乔省

乌多姆赛省

琅勃拉邦省

华潘省

北部湾

沙耶武里省

川圹省

万象省

赛宋本省

波里坎赛省

首都万象市

甘蒙省

泰国

沙湾拿吉省

沙拉湾省

塞公省

占巴塞省

阿速坡省

柬埔寨

图例

—·—·— 国界

———— 省界

～～ 湄公河

北部

中部

南部

◎老挝地图

万象市

◎万象市地图

万象市旅游景区

01	塔銮寺	11	因宾寺	21	达门—达巴莱—达旺农—达旺南蓬瀑布
02	讲道堂	12	凯山·丰威汉博物馆	22	香昆文化园
03	凯旋门	13	苏发努冯纪念馆	23	因宾文化园
04	金宫	14	军事博物馆	24	帕巴尧坎寺
05	杂技馆	15	公安博物馆	25	塔安码头游船
06	西蒙寺	16	阿努冯公园	26	坦帕勒西寺
07	城柱殿	17	湄公河夜市	27	坦帕寺
08	玉佛寺	18	国家博物馆	28	巴坦阔玛寺
09	西萨吉寺	19	达辛坎那梯田瀑布	29	老挝古丝绸博物馆
10	翁德大寺院	20	达松瀑布	30	万象石斛园

　　万象市是老挝人民民主共和国的首都，基础设施建设和经济、社会、文化发展迅速。万象市既是老挝的政治和行政中心，同时也是商业中心，是中央政府各部委所在地。目前，万象市常住人口将近 80 万，面积 3920 平方千米，是全国人口密度最大的地区（约 200 人 / 平方千米）。万象市下辖 9 个县，分别是：占塔武里县（M. Chanthabouli）、西库达蓬县（M. Sikhottabong，网上多译为"西阔达崩"）、赛色塔县（M. Xaisettha）、西萨达纳县（M. Sisattanak）、纳赛通县（M. Naxaythong）、赛塔尼县（M. Xaithani）、哈赛丰县（M. Hatxayfong）、桑通县（M. Sangthong）和巴俄县（M. Pakngum）。万象市地势平坦，被普考块山（意"牛角山"）环绕并与普乌山脉（意"蛇山"）相连，主要河流有湄公河和南俄河。傍晚时分，老挝人和外国游客漫步于湄公河畔，安闲放松，品尝湄公河沿岸餐厅的美食，欣赏湄公河上的日落，处处散发着万象市的独特魅力，无与伦比。此外，市内还有被人民视为瑰宝的国家象征塔銮。万象市内大大小小的市场多达 83 处，市场中商贩们忙碌的日常，吸引着那些想来逛街、购物以及想要了解老挝人民生活方式的国外游客们。

　　"到万象观光友谊桥，礼拜玉佛寺，游览凯旋门，朝敬塔銮寺，欣赏湄公河美景、东昌金沙洲，在十四层宫殿之上品缤纷美食，在东昌酒店的人间天堂里悠然休憩"，是作为老挝心脏之地的首都万象市的旅游宣传口号。

01

01 塔銮寺

　　万象塔銮寺简称"塔銮"❶，塔銮通体金碧辉煌，坐落于赛色塔县塔銮村，是古代传承下来的佛教圣地，也是老挝这个国度的象征，是存放佛陀舍利的宝塔，同时也是老挝广大人民的精神圣地。万象塔銮寺始建于佛历236年（前307年），在万象城的统治者占塔武里·巴西提萨（又称"武里占"）带领下建造而成。1566年，澜沧王国赛色塔提腊国王❷在迁都万象城后进行了扩建。到1957年，西萨旺冯国王统治时期的老挝政府带领群众建造赛色塔提腊国王雕像，安置于塔銮寺西门入口处的前方，作为缅怀僧侣们建造塔銮的纪念碑。塔銮高45米，由228块宝塔界石包围，周边围以30座小塔（附塔），称为"三十波罗蜜多"。塔銮最底层东西长69米，南北宽68米，外有回廊围绕，每面回廊长91.75米。每年佛历12月15日（公历10—11月间），来自全国各地的群众纷纷前来参加塔銮盛会，这是老挝最大的节日。塔銮节持续七天七夜，其间有文艺演出和众多商家参展的商品展销等活动。塔銮节体现了老挝佛教信徒乃至老挝人民的优良传统文化，全国各省僧侣们纷纷前来参加节日里的重要宗教仪式，如蜂蜡宝塔游行、秉烛绕塔、斋僧等。斋僧仪式后还会举行传统体育竞赛——槌球比赛。

❶ "塔銮"系音译，有"大塔、巨塔"之意。
❷ 网上多译为"赛塔提腊国王"。

02

02 讲道堂

　　讲道堂位于万象市塔銮内的北边。讲道堂建筑样式精美，富有老挝艺术风格，规模大，是僧侣们用于举行各种佛教仪式的场所。

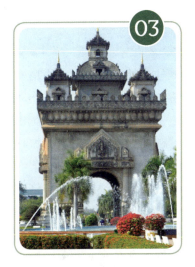

03 凯旋门

凯旋门旧称"胜利纪念碑",因其外观独特常被游客们称为老挝的"Arc de Triomphe"(即"凯旋门",位于法国巴黎)。凯旋门位于万象市中心澜沧大道(旧时称作"香榭丽舍大道")的尽头处。凯旋门建于1957—1962年,按照佛教占卜数字3—7—9的比例进行建造,是老挝摆脱法国殖民统治、宣布独立的纪念碑。凯旋门上部的形状类似印度泰姬陵的塔式宫殿,内部装饰富有老挝艺术风格,并安放有娘金娜丽雕像。凯旋门高49米,到访的游客可以上到最顶层一览万象美丽的市容。凯旋门下方是一个宽阔的广场,广场上有喷泉、彩灯和芳香四溢的缤纷花卉。因此,凯旋门成为万象市乃至老挝全国的又一著名旅游景点,吸引众多游客前来观光游览和摄影留念。

04 金宫

金宫位于澜沧大道与赛塔提腊路相交处,建筑庄重瞩目。金宫最初是为法国殖民政府建造的,后来被用作西萨旺冯国王的第二皇宫(第一座皇宫位于琅勃拉邦省)。现在,金宫是老挝人民民主共和国国家主席办公和接待贵宾的地方。金宫是一座融合了法国和老挝建筑风格的建筑物,建筑精美独特,令人神往。尽管金宫未向游客开放,但游客们可在金宫外驻足观赏拍照。

❶ 咔夫和喃均为老挝民间唱调,通常冠以地域之名,如流行于川圹地区的民间唱调称为"川圹咔夫"。

05 杂技馆

杂技馆位于占塔武里县萨旺村昭阿努路,建于1986年。杂技馆久负盛名,这里经常举办国家级和国际级杂技表演。此外,在重要节假日或特殊日子,杂技馆还被用于举办文艺表演(唱歌、咔夫—喃❶、戏剧及舞蹈)、拳击比赛等活动,活动的时间及表演内容通过电视台、广播电台或报纸提前向公众公布。

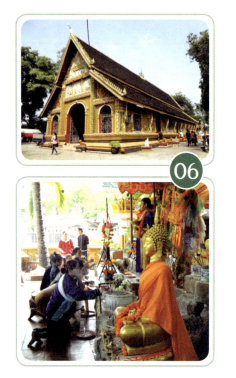

06 西蒙寺

　　西蒙寺是万象城柱[1]所在地，位于占塔武里县西蒙村，有着悠久的历史。传说，当年在举行埋城柱仪式时，一个名叫娘西的孕妇献出生命跳入坑中，和城柱埋在了一起，成为城柱的守护神，西蒙寺的名称由此而来[2]。西蒙寺作为神圣之地成为老挝人民的心灵依靠，许多外国人也前来进行研究或参观游览。如今，每天来西蒙寺祭拜的国内外人士络绎不绝，尤其是每周二和斋日。他们大都是来向西蒙娘娘祈福的，如愿以偿后就会来此还愿。每年佛历 12 月 15 日塔銮节，蜂蜡宝塔游行将会从西蒙寺出发，行至塔銮寺。

[1] 老挝旧时建城时，往往会竖立一根柱子，称为"城柱"，旨在"安城镇妖"，被当地居民视为神圣之所。

[2] "西"既是那位孕妇的名字，也有颜色、色泽的意思；"蒙"有城、城邦之意。

07 城柱殿

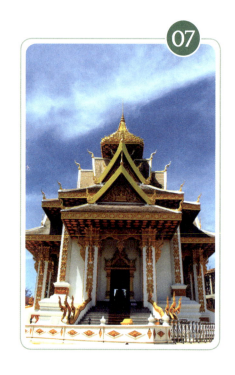

　　西蒙寺的对面便是城柱殿，考古学家研究发现，这里（发掘）的古文物是从前万象城城柱建造仪式所使用的材料。人们在这里发现了 473 块城柱石，其中大部分镀上了金粉，并刻有精美的花纹。最为重要的是，人们还发现了一块碑铭，其上记录的时间为小历亥年（猪年）901 年 3 月 25 日星期一，对应公元 1540 年 2 月 16 日，是赛色塔提腊王的父亲菩提萨拉腊国王在位期间。这些城柱石被分为 3 组，每组间距约 1.5 米，新建的城柱殿将这 3 组城柱石围圈在内，使它们保持原位不动，其目的是保护先祖赋予它们的神圣意义并遵循古时候的风俗习惯。

08 玉佛寺

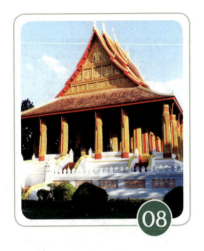

玉佛寺位于占塔武里县香仁村，在西萨吉寺对面，靠近旧王宫金宫。玉佛寺由赛色塔提腊王建于公元 1565—1779 年间 ❶，位于当时王宫里的一处旧寺院之内，是安放玉佛的地方。尽管由于历史原因，玉佛如今已不在寺内，但玉佛寺仍然是老挝人民敬仰的神圣之地，因为这里汇集了各种珍贵文物，如不同时期的佛像、碑铭等。漫步在这样优美的建筑物当中，您将感受到不同于别处的宁静。

09 西萨吉寺

从玉佛寺过了马路就是西萨吉寺，这是一座具有重要历史意义的寺庙，是 1827—1828 年间外国封建王朝入侵老挝期间唯一一座免于战火的寺庙。西萨吉寺于 1818 年由万象王朝最后一位国王阿努冯带领建造。因其为藏经之所，且内有佩萨腊国王的禅房寺院，内墙又绘有精美的花纹图案，因此显得极其特殊。寺庙有回廊环绕四周，每一面回廊都放有用陶土、木头和花粉制成的小佛像，小佛像共计 6840 尊，其上方则有灰墁制成的佛像共 120 尊。而在布萨陀婆 ❷ 的旁边有一尊神圣的主佛像。在主佛的左右两侧有 2 尊铜铸平定佛佛像，是阿努冯按照自己的形躯建造的。此外，在寺庙墙上凿有很多佛龛放置各种小佛像共计 2052 尊，其中镶银佛像 276 尊。

❶ 原文如此，表达有误。赛色塔提腊王在位时间为 1550—1571 年。
❷ 又作优波婆素陀、优婆娑、布萨陀婆、布洒他、布沙他、邬波婆沙、逋沙陀、襃洒陀、乌逋沙他。
　 意译为长净、长养、增长、善宿、净住、长住、近住、共主、断、舍、斋、断增长，或称说戒，即
　 同住之比丘每半月集会一处。这里指说戒之处。

10 翁德大寺院

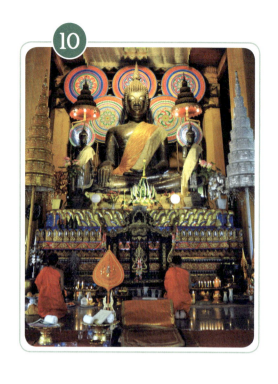

翁德大寺院即翁德寺，旧称西普恩寺（赛雅普恩），由赛色塔提腊王建于1566年，位于占塔武里县瓦占村，是万象市最古老的、具有重要考古意义的古寺之一。翁德寺有一座长40米、宽16.34米、高约25米的布萨陀婆佛殿。翁德大佛为主佛，宽3.40米、高5.80米。翁德寺曾经是举办各种官方仪式的地方，如以前的国王和解放前国家领导人饮契约水仪式（喝圣水宣誓）。从前翁德寺与因宾寺、米赛寺和海索寺相连，但由于城市发展和修建道路，使得四个寺庙分隔开为今天的模样。

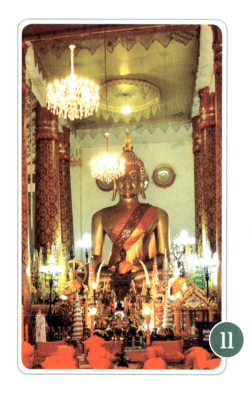

11 因宾寺

因宾寺是融合了历史和文化因素的旅游景区，位于万象市区内翁德大寺院的北面。传说在建造因宾寺时，陀罗神化身成一位老人前来帮助和指导建寺，之后又变成一位老和尚帮助建造佛像，这就是这座寺庙名字的来由❶。因宾寺是老挝的一处古迹，同翁德寺和西蒙寺一样，是一座具有老挝艺术风格的建筑物。因宾寺内收集有佛教珍贵文物如因宾佛像、狮身石碑和石柱等，因此受到万象市民和其他地方访客的敬仰。在寺庙前方有一个用于举办各种节日活动的广场。

❶ "宾"是老挝语音译，有化身、改变之意。

12 凯山 · 丰威汉博物馆

　　凯山 · 丰威汉博物馆位于赛色塔县朱玛尼村 6 千米处 ❶ 的凯山 · 丰威汉路旁，于 1995 年 12 月 13 日庆祝凯山 · 丰威汉主席 75 周年诞辰之际正式对外开放。博物馆是纪念和了解老挝民族英雄、前国家主席、老挝人民的卓越领袖凯山 · 丰威汉的场所。此处汇集了凯山 · 丰威汉从出生（1920 年 12 月 13 日）直到带领老挝人民开展抗击外敌入侵、夺取民族独立、解放全国、建设新国家的全部事迹的相关资料、物品。在这里，您可通过照片、雕像、文件、笔记本和日常用品等学习了解老挝国家历史事件和凯山 · 丰威汉主席的生平事迹。

❶ "× 千米处"是老挝常用的地名表达方式，表示该地距离某个地点 × 千米。

13 苏发努冯纪念馆

　　苏发努冯纪念馆坐落于赛色塔县朋萨阿村凯山 · 丰威汉路旁。这里曾是老挝人民尊敬的前领导人苏发努冯亲王的住所，后被修缮成为纪念他在救国斗争中为争取老挝民族独立所做出的丰功伟绩及其崇高爱国主义和勇于牺牲精神的博物馆。苏发努冯纪念馆自 2005 年 11 月 30 日起对外开放。纪念馆展示有苏发努冯亲王推进民族解放事业和开展其他事务的相关照片，并收集有他的个人用品。

14 军事博物馆

　　军事博物馆在国防部附近，位于赛色塔县农桑妥村凯山·丰威汉路旁。博物馆建于 1976 年，用于弘扬老挝人民在抵御外国侵略和殖民过程中所展现的保家卫国的优良传统，展示有老挝人民军在救国斗争时期直到 1975 年解放全国和成立老挝人民民主共和国期间的武器装备、工具和照片。这里还汇集了记载重大历史事件的文献和前军队领导人及老挝人民英雄的雕像。博物馆外还展示了战争时期投入战斗的坦克和飞机。

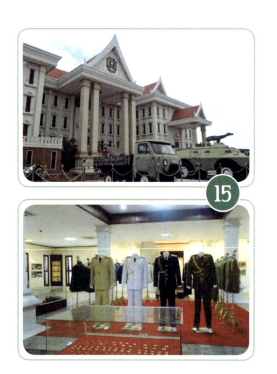

15 公安博物馆

　　公安博物馆（警察博物馆）坐落于凯山·丰威汉路，与军事博物馆相邻，距早市场公交车站约 3 千米。公安博物馆建于 2011 年，是为庆祝国家安全保卫力量和老挝警察力量成立 50 周年专门建造的。博物馆展出了反映在保卫老挝人民安全中做出突出贡献及伟大牺牲的公安警察的历史图片 8000 余张。

16 阿努冯公园

当您到达首都万象市后，推荐您傍晚时分到阿努冯公园散散步。公园坐落于昭法昂路的湄公河岸边。阿努冯公园是为纪念澜沧王国的最后一位国王阿努冯而建，内有高 17 米的阿努冯国王雕像。雕像庄严雄伟，面朝湄公河，由赤铜铸造而成，重达 8 吨。阿努冯公园内还有宽阔的草坪，绿树成荫，郁郁葱葱，此外还有儿童游乐场及其他游乐设施，适合在下班后与家人朋友一起散散步、坐一坐或运动运动，放松放松。不仅如此，公园内还有商贩们推着手推车售卖美味的食物。您随时可到园内游玩，傍晚时分尤佳。

17 湄公河夜市

湄公河夜市位于昭法昂路上的湄公河畔，距阿努冯公园不远，靠近巴巴萨三岔路口。每天傍晚商贩纷纷前来售卖各种物品，不论衣服、鞋子、包包，还是纪念品，均有出售。夜市沿路分布，长约 1 千米。湄公河夜市是国内外游客十分喜爱的旅游景点之一，人们喜欢到此逛一逛，买买东西，品尝各种各样的美食。

18 国家博物馆

国家博物馆位于占塔武里县阿努村三仙泰路旁，建于1925年。起初为单层建筑，是万象市市长的办公场所。这里还曾是宣布老挝独立和召开伊沙拉阵线政府首次内阁会议的地方，但国内战争爆发后原建筑的一部分遭到破坏。1946年，该建筑被重新修缮，建成两层且被用作中央政府办公楼。1952年，该建筑进行修整扩建，被用作接待外宾和西萨旺冯国王从琅勃拉邦返回后的休憩地。此后还被用作老挝王国国防部和总理府的办公地点。1975年国家解放后，该建筑转归农业部使用，再后来成为老挝革命传统展览馆和老挝革命博物馆。2000年2月1日升格为老挝国家博物馆。

19 达辛坎那梯田瀑布

达辛坎那❶梯田瀑布位于纳赛通县，在万象市区北边，距市区约25千米。瀑布虽然规模不大，但是景色秀美，水流清澈，周边绿意盎然，能够吸引大量游客前来游玩。在这里，您可以放松心情，与家人朋友开展各种形式的娱乐活动，如下到瀑布中玩耍、乘船漂流、在瀑布边上野炊聚餐等，您可以自己制作食物或向当地百姓购买。

❶ "达辛坎那"为音译，其中"达"意为"瀑布"，"辛"意为"石"，"坎那"意为"田埂"。本书中的多数地名均采取音译法处理。

20　达松瀑布

　　达松瀑布也是首都万象市一处长期受欢迎的景区。该瀑布位于那松村，从 13 号（北）公路左转，经过会南仁村再往前走约 30 分钟车程。达松瀑布适合在周末或者节假日休闲放松，在这里您可以玩水，与朋友和家人欢聚。特别是还可以在树荫下骑乘大象，呼吸清新凉爽的空气，您还可以观赏驯象表演。

21　达门—达巴莱—达旺农—达旺南蓬瀑布

　　达门瀑布、达巴莱瀑布、达旺农瀑布、达旺南蓬瀑布位于万康—占巴村附近，彼此相距不远，从 13 号（北）公路经依登村岔路口往前走约 15 分钟车程。由于这些瀑布距离市区不是太远，因此成为万象市民和周边人们消遣放松的好去处。在瀑布周边有清澈凉爽的流水，四周绿树环绕，自然风光秀美宜人，适合在周末和节假日与家人朋友聚会、野炊和戏水。

万象市

22 香昆文化园

　　香昆文化园位于哈赛丰县香昆村的湄公河岸，靠近老泰第一友谊大桥，距万象市中心约 24 千米。香昆文化园由本乐·苏里拉爷爷建于 1958 年，园内遍布有 200 余种雕像，包括在各种圣书中提到的人、鬼、佛、神仙、动物等雕像。这些雕像融合了佛教和印度教的教义思想，看到后使人产生欢愉、惊叹和奇异交织在一起的感觉。园中最突出的要数长约 50 米的卧佛像（卧佛时期），以及一只张着大嘴巴的罗睺，罗睺嘴巴是进入七重天的大门（从罗睺嘴巴出来就到达天顶）。这些雕像吸引着国内外大量游客前来参观游览。

23 因宾文化园

　　因宾文化园是最新开放的水上乐园，位于东坡西村塔德路 14 千米处，其前方便是老泰第一友谊大桥。该园规模很大，有可容纳 3000 人的泳池和滑梯，适合家庭聚会和周末举办娱乐活动。此外，还有餐厅和饮品店为您提供服务。每周五、周六和周日在泳池边还会有各种表演。

24 帕巴尧坎寺

帕巴尧坎寺有着精美的岩石台面，这里绿树成荫，适于休闲放松。该寺位于赛塔尼县那开村，距万象市区约 30 千米，沿着班根方向的道路走，拐入那诺孔方向后约 19 千米即到。该寺被发现于 1936 年，1980 年进行了修缮，面积 840 余公顷。它不只是朝拜之地，寺内还有多处自然景观可供观赏，如岩面、大蟒蛇洞（有蛇状石，有头、尾和鳞，蛇身长达 41 米），以及高达 30 米的瀑布。瀑布下方有类似于佛足印的图案，上方则像是夜叉的头。尤为值得关注的是坦昆洞，该洞使寺庙名声大噪，洞内有清凉的水和 3 条被视为神圣之鱼的蟾胡子鲇，据说虔诚的佛教信徒来到洞里祭拜并取清水而饮，就能使病痛消除。自 2011 年以来，人们在每年 12 月的 8、9、10 日举办帕巴尧坎节。

25 塔安码头游船

河上有大大小小 20 余艘船为游客提供乘船游览南俄河风光服务，游客可以感受河两岸老百姓的生活方式，一边听着悦耳的音乐，一边享受美食，实属惬意。船上餐厅是一处独具特色的地方，位于南俄河岸塔安桥下，食物和饮品种类丰富，价格公道，供您选择。

26 坦帕勒西寺

26

坦帕勒西寺位于西库达蓬县迈村，从九道弯沿着11B号公路走，在17千米处附近，车程约20分钟。该寺风景优美，绿树成荫，寺内还有小型溶洞，这也是安放帕勒西佛的地方，该寺便因此得名。此外，在这里还可以欣赏到具有老挝古代艺术风格的寺庙界石。寺内有一口圣水井。有游客或佛教信徒定期前来祭拜，到了佛教重要日子，还有众多佛教徒到寺里进行观法。

27

27 坦帕寺

坦帕寺位于西库达蓬县怀洪村，可以从九道弯出发沿11 B号公路走，在19千米处附近。从寺门口到与湄公河相接的地方有放置着各时期古老佛像的亭阁。周末或节假日，特别是重要佛教节日时游客和佛教徒们会到此祭拜。您还可以在此欣赏夕阳西下时湄公河两岸的美景。

28 巴坦阔玛寺

巴坦阔玛寺❶位于西库达蓬县怀洪村，可以从九道弯出发，沿11B号公路顺湄公河岸走，在20千米处附近。巴坦阔玛寺距坦帕寺约1千米。该寺宁静阴凉，遍布着由富于想象的画师创作的各式各样的艺术雕像，比如庄严耸立于寺庙中间的金光闪闪的帕桑佛佛像、各个时期的佛像以及作为寺庙标志的马的雕像。另外，还有观景台供您欣赏湄公河的美景。

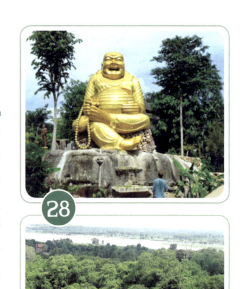
28

❶ 巴坦阔玛寺中的"阔玛"为音译，意指"马厩"。

29 老挝古丝绸博物馆

　　老挝古丝绸博物馆位于农他村，在杂技馆东北方约 3 千米处。以前是甘加那家族的私人纺织展馆，后来获得多个国际组织援助，成为老挝文化中心。该博物馆为木质建筑，展览着老挝多个民族的花纹精美的布匹。这里还是教学纺织、染布、制作老挝食物、演奏老挝民间乐器的地方。

30 万象石斛园

　　万象石斛园于 2006 年由法国人建于赛色塔县朋东朱玛尼村。万象石斛园项目旨在通过为当地群众创造就业机会和提高收入，推动地方经济可持续发展，同时培养人们保护大自然和保护石斛花免于灭绝的意识。该园体现了老挝的生物多样性，园内有不同品种的植物 2000 多株，石斛花 300 多种（老挝全国拥有约 800 种石斛花，60% 生长在牛角山国家级自然保护区）。万象石斛园还有带领游客前往牛角山国家级自然保护区观赏石斛花和其他植物的导游服务。

丰沙里省

◎丰沙里省地图

丰沙里省旅游景区

01	普发山	06	本平村
02	400 年茶园	07	普他楞自然保护区
03	沙玛奇赛村	08	法国军营旧址
04	腊西茶园	09	乌怒大湖泊
05	坤苏琅村	10	南诺河口

　　"丰沙里犹如天堂，高山里的天宫，英雄辈出之地世代传承，普发山之美啊，云山雾海。品尝普发山的鱼，喝着绿酒，感叹于地灵人杰，感受着独特的民俗，这是对观者的馈赠"，这是丰沙里省的旅游宣传口号。丰沙里省位于高山地区，其中普发山海拔高达 1625 米。这里气候终年凉爽，自然资源丰富，森林覆盖率达 41%。丰沙里省是山区省份，位于老挝最北端，总面积逾 16000 平方千米，东与越南接壤，西北与中国交界。全省总人口 170635 人（2013 年），由老族、傣族、贺族、老果族、瑶族、普桑族、普诺族、花苗族、克木族、果木吉族、果木桑族、哈尼族 ❶ 等多个民族构成。丰沙里省共辖 7 个县，即：丰沙里县（M. Phongsali）、孟迈县（M. Mai）、孟夸县（M. Khoa）、桑潘县（M. Samphan）、本怒县（M. Boun-Nua）、本岱县（M.Boun-Tai）和约乌县（M.Gnot-Ou）。传说，这里是"雾海之邦"。这里的人们脸上总是洋溢着笑容，迎接您的还有甜美动听的老挝"普诺"小调。如果您来到丰沙里省，一定要品尝独具特色的绿酒，并听听各种咔夫、喃民间曲调，如：咔勒、咔普桑、咔蒙和咔登。此外，丰沙里省还有许多值得关注的重要传统节日，如新年和庆祝农业丰收的种稻节、薯芋节等。

❶ 这些民族族称有的并不属于老挝官方确认的 50 个民族。

丰沙里省
旅游景区

01 普发山

普发山，即"天山"之意，是丰沙里省人民心目中的圣山和瑰宝，位于丰沙里县城东北约 2 千米处，面积 200 多公顷，高 1625 米，建有 863 级阶梯供您爬行上山。普发山风景秀丽，林木茂盛，可用于治病的草药植物种类繁多。普发山从前是珍稀动物如大象、老虎和犀牛的栖息地，但如今只能看到麂子、猴子、鸟和野猪了。

02 400 年茶园

400 年茶园位于丰沙里省丰沙里县果门村，距省会约 15 千米。一代代果门村民以种植和售卖茶为主业，这里的茶因口感极佳，富含多种有益身体健康的营养素而驰名。此外，研究发现，茶园中的茶树树龄超过了 400 年，是老挝树龄最高的茶树。因此，这座茶园也被称为"400 年茶园"。茶园面积约 32.25 公顷，共有茶树 48373 株。如今的茶园广受关注，吸引着大量游客前来观赏和品茶。

03

03 沙玛奇赛村

沙玛奇赛村位于丰沙里省会以南约 20 千米处。该村为老果族（阿卡—普索族）村寨，这里的村民有着古老的风俗习惯与信仰，衣着也独具特色。沙玛奇赛村坐落在风景秀丽的险峻高山之上，冬季的雾海景观尤为引人入胜。村民们以种田、养殖为主，同时也从事刺绣和手工业等副业。如果您到了丰沙里省，不要忘了到沙玛奇赛村游览和感受当地村民独具魅力的生活方式，这里一定会给您留下难忘的印象。

04

04 腊西茶园

腊西茶园，意思是位于 4 千米处的茶园。位于丰沙里省会以北 4 千米处，是一处美丽的茶园，总面积 22 公顷，有茶树约 88 万株。这座茶园只有十多年的历史，并不算久远，但在一行行茶树的装点下，茶园是那样的秀丽宜人，吸引着游客前来观赏。

05 坤苏琅村

坤苏琅村是普诺族村寨，距省会约 7 千米，距离城区不远，是一个适合观赏自然风光的村寨。该村年代久远，古老的风俗习惯代代相传。村民的主业是酿制丰沙里省著名产品——绿酒。此外，村民们还从事其他副业，如种茶、种旱地、种植稻谷和其他作物、养殖等。

06 本平村

本平村是老果族（阿卡—普索族）村寨，隶属于本怒县，在省会以南约52 千米处。该村位于高山地区，自然风景秀丽，村民以耕种旱地、水田和养殖为主业，以纺织刺绣为副业。本平村有着独特的风俗习惯、宗教信仰、生活方式和服饰文化，吸引着大量国内外游客前来观赏。

07 普他楞自然保护区

　　普他楞自然保护区属本怒县管辖，面积达 9274 公顷。该保护区内自然资源丰富，动物及植物种类繁多。同时，保护区山林独秀、层峦叠嶂，加上清晨的雾海景观，让人流连忘返。

08 法国军营旧址

　　法国军营旧址位于本岱县，距丰沙里省会约 134 千米。军营建于法国殖民统治时期，现在已成为人们研究学习老挝抗法斗争历史的纪念馆。

09 乌怒大湖泊

　　乌怒大湖泊位于乌怒村，在省会以北约154千米处。乌怒大湖泊是一个大型湖泊，水质清澈，村民们在湖里投放了各种鱼苗，繁育出了数量众多的鱼，是当地村民赖以谋生之所。每到节日，村民们便纷纷下湖捕鱼用作节庆美食。

10 南诺河口

　　南诺河口是一个位于乌多姆赛省往丰沙里省和孟夸县—奠边府的岔路口处的村寨。南诺河口是交通要地，这里全天为过路人提供餐饮服务。此外，这里还是老百姓赶集的地方，每月两次。到了赶集那天，周边群众纷纷带着各种野生物产到此售卖，使南诺河口成为过路旅客向往的地方。

南塔省

◎南塔省地图

南塔省旅游景区

01	南哈国家级自然保护区	06	南迪瀑布
02	琅南塔	07	帕仍瀑布
03	本普塔	08	香登大塔
04	夜市	09	南恩洞和告劳洞
05	孟新县展览馆（色功王故居）		

　　"南塔战役，香本大塔，浸润各民族文化，孟新县美味的米干粉，南塔县蚕丝花纹布，游南哈国家自然保护区，逛磨丁丹康经济特区，与黑傣姑娘一起翩跹起舞"，是南塔省的旅游宣传口号。南塔省也称"琅南塔省"❶，位于老挝西北部，总面积9000多平方千米，西接缅甸，北连中国。南塔省共辖5个县：南塔县（M. Louang-Namtha）、孟新县（M. Sing，也有译"孟醒县"的）、孟龙县（M. Long）、万普卡县（M. Viangphoukha）、那列县（M. Nale），居住着约20万各族人民。南塔省虽然不大，但自然资源富饶，生物多样性丰富，特别是在南哈国家级自然保护区内。南塔还是老挝第一个引进橡胶种植的省份，这也成为南塔省经济持续发展的主要推动力。同时，山坡上广袤无垠、苍翠葱茏的橡胶林美景，也是该省旅游业的亮点之一。

　　❶ 南塔省（P. Louang-Namtha）虽然拼写中有"琅（Louang）"，但我国学者已约定俗成不译为"琅南塔"而译为"南塔"，且老挝人也多将其简称为"Namtha"，故不采用"琅南塔"译法。

南塔省
旅游景区

01　南哈国家级自然保护区

　　南哈国家级自然保护区属于热带林区，位于南塔县西部、孟新县东部和万普卡县北部，占地面积 222400 公顷，距省会约 26 千米。南哈国家级自然保护区因富饶的森林资源和丰富的生物多样性，被命名为"东盟遗产"。保护区内茂密林占 30%，原始林占 60%，农业用地占 10%，有哺乳类野生动物 38 种，珍稀动物 22 种，鸟类 288 种。1999 年，老挝国家旅游局会同南塔省旅游局，在新西兰无偿援助资金帮助下，实施南哈生态旅游开发项目，开展有当地人参与的生态旅游活动。通过仅 3 年的开发，南哈国家级自然保护区就成了著名的旅游景区，成为老挝国内观光与自然保护相结合的旅游开发典范。

02　琅南塔

　　琅南塔位于南塔省南塔县赛宋本村。该塔是当地的地标，也是南塔省的著名文化景观。南塔省虔诚佛教信徒齐心协力，共同筹集资金，于 2007 年建成该塔。每年的 2 月这里都会举办庆塔活动，活动包括联欢和展会，展会上地方产品琳琅满目。由于该塔坐落在高坡上，游客们可登高望远，观赏秀丽的风光，俯瞰南塔城区的美景。

03 本普塔

本普塔位于南塔平原上的南念村，距省会约 7 千米。本普塔建于 1628 年，是南塔省的一座古老佛塔，也是华塔❶和清盛之间友谊的象征，是重要的朝拜圣地和旅游景区。1966 年本普塔因战乱遭受破坏，如今在新塔的旁边还能看到它残存的痕迹。到了每年老挝历法的 3 月望日（2 月 13—14 日）都会举办盛大的本普塔节，大量省内外群众前来参加。

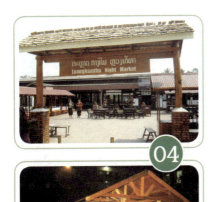

❶ 古代当地的小国，但并非真正意义上的国家。

04 夜市

夜市位于南塔市中心的朋赛村。这个市场不仅是人们买卖商品的地方，还是外地客人游览购物之处，人们可以购买各种各样的商品，如手工艺品、纪念品、熟食、水果。这里还可以举行地方文艺演出和各种活动，是一个多功能场所。夜市每日 16:00—22:00 营业。

05 孟新县展览馆（色功王故居）

孟新县展览馆位于南塔省孟新县城中心的江斋村，建于 1934 年。这座展览馆曾经是色功王或西功王（20 世纪初孟新县的县长）的居所。色功王家财万贯且多年来深受人民的尊崇。如今这里成了展示各民族文化传统，保存各种用具和财物的地方，收藏着 19 世纪以来孟新人民的文物。孟新县展览馆因此成了适合于研究探索孟新县文化和历史由来的旅游景点。

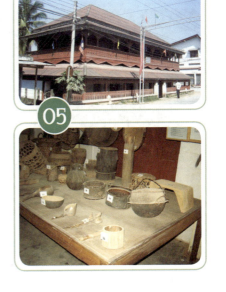

06 南迪瀑布

南迪瀑布是南塔省著名旅游景区之一，位于南迪村，距南塔县城约 7 千米。南迪瀑布被发现于 1995 年，之后被开发为景区，为此修建了进入瀑布的道路、休息凉亭、卫生间、拍照场和村民手工艺品售卖商店等。游客可在美丽的瀑布脚下清凉的水中戏耍，瀑布下方还有凉亭供游客休憩放松，入口处也有餐饮店和手工艺品店为您服务。

07 帕仍瀑布

帕仍瀑布位于南哈国家级自然保护区内，在南塔县至孟新县之间的 18 号公路旁，距南塔县城 40 千米，距孟新县城 17 千米。2005 年，南塔省军事指挥部（省军区）修缮道路并向游客开放帕仍瀑布，同时建造了售票处和餐馆服务游客。如今，帕仍瀑布是一处美丽的自然景观，充满了温馨静谧的氛围，游客纷至沓来且好评如潮。

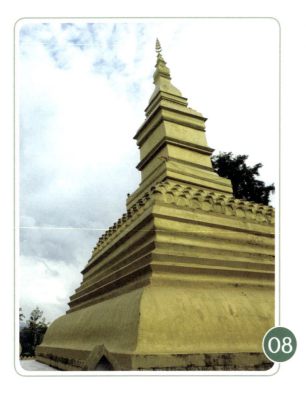

08 香登大塔

　　香登大塔位于孟新县西南方的山顶上，从孟新县城往南塔省会方向走约 5 千米，登上长度约 750 米的阶梯或乘车沿柏油路走约 1 千米就可到达大塔。香登大塔是南塔省确认的文化遗产旅游景区，它是一座古老的佛塔，也是自古以来孟新县人民虔诚信仰的中心。每年傣族斋月（正月）的望日，对应老挝历法 12 月 15 日（与万象市塔銮节同期）会举办香登大塔节，以便当地百姓前来朝拜。

09 南恩洞和告劳洞

　　南恩洞和告劳洞位于南恩村，在 R3A 当地公路上，距万普卡县城约 12 千米。这是南塔省的著名自然遗产，已经存在了几百万年。洞内有两条长长的地道，一条称作南洛洞或南恩洞，另一条称作告劳洞，沿着青葱茂密的山脊而延伸。这两个洞是石灰岩洞，伸至山体中超过 3 千米，洞内墙壁上的化石印记着大自然的天工之美，形态奇特的石笋和钟乳石，极为引人注目。目前南恩洞和告劳洞由南恩村当地村民管理，为游客提供服务和便利，特别是提供带领游客进洞参观的导游服务。

乌多姆赛省

◎乌多姆赛省地图

乌多姆赛省旅游景区

01	赛蒙坤塔（吉祥瑰宝胜利之塔）	07	南甲瀑布
02	金狮佛祖寺（瓦帕昭欣康寺）	08	怀苏瀑布
03	孟腊县温泉	09	傣族手工艺村
04	南恒瀑布	10	阿卡村寨
05	南欣水库	11	巴本县
06	宗翁洞		

乌多姆赛省
简介

　　"游乌多姆赛，观南甲瀑布，赏民族传统文化，祭拜金狮佛祖像，饮千年古树茶，放舟游览湄公河畔自然风光"，是有着悠久历史的乌多姆赛省的旅游宣传口号。乌多姆赛省于 1963 年从琅勃拉邦省划出，最初名为澜沧省，1965 年更名为孟赛省，1969 年又一次更名为乌多姆赛省并沿用至今。乌多姆赛省位于老挝的西北部，总面积逾 15000 平方千米，民族众多，常住人口近 20 万人。该省辖有 7 个县，即：孟赛县（M. Xai）、孟腊县（M. La，也译"孟拉县"）、纳莫县（M. Namo）、孟牙县（M. Nga）、孟本县（M. Beng）、孟洪县（M. Houn，也译"孟昏县"）、巴本县（M. Pakbeng）。乌多姆赛省的特别之处在于地理位置，北部与南塔省和中国相连，东部与丰沙里省交界，南部与琅勃拉邦省接壤，西部与波乔省相邻，特殊的地理区位使得乌多姆赛省成为人员往来通行的枢纽。

乌多姆赛省

01 赛蒙坤塔（吉祥瑰宝胜利之塔）

赛蒙坤塔全称"赛蒙坤哈达纳明孟塔"，意为吉祥瑰宝胜利之塔，是乌多姆赛省的瑰宝和文化中心，是乌多姆赛人心中的神圣之所和周末休闲放松的地方。这座美丽的佛塔位于乌多姆赛省会市区中心的拿湾诺村，塔高 18 米，宽 18×18 米。赛蒙坤塔建于赛色塔提腊王朝时期，距今 400—500 年，修建时为砖结构，高度也仅 4—5 米。在帝国主义入侵时期，佛塔被破坏殆尽，仅剩下一堆砖块，直到 20 世纪 90 年代才进行了重建，并从 1997 年开始于每年老挝历法的 3 月 15 日举行佛塔庆典活动。如果您来到乌多姆赛，别忘了去游览这座佛塔。

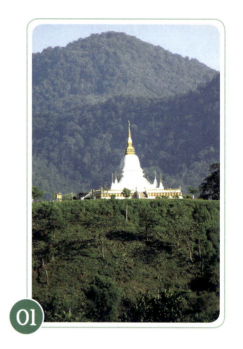

02 金狮佛祖寺（瓦帕昭欣康寺）

金狮佛祖寺原名瓦岗寺（中心寺），是孟腊县老百姓朝拜敬奉的大寺，建成已有 2000 多年。该寺位于孟腊县城中心巴拉村（现合并为董沙阿村）的牛角山上。后来因为恭请金狮佛祖（帕昭欣康）供奉于此，遂将瓦岗寺更名为金狮佛祖寺。寺庙所在的牛角山上南腊河一侧发现有光滑的洞穴，传说有村民在大斋日即农历的十四、十五看见蛟龙王化身为

用红布扎头的年轻男子前来叩拜金狮佛祖，然后便钻入南帕潭（汪康潭、汪饮潭、汪盆潭）的洞穴，也就是现在的南帕河—南腊河。这个传说令人心生奇想。

03 孟腊县温泉

  温泉的源头位于邦沙村东北，距离纳莫县城约 10 千米，距离邦沙村约 5 千米。温泉有两处出水口，两处出水口之间距离约 70 米，水温约 45℃。温泉周围有大树遮蔽，风景秀丽，此外还有巨石山，适合观赏自然风光和休闲放松。

04 南恒瀑布

  南恒瀑布位于呷当雅村，距离孟洪县城区大约 24 千米，瀑布在 3 世纪被发现。瀑布下落的水流非常强劲，带来的巨大响声传得很远，因此命名为南恒❶瀑布。关于南恒瀑布名字的由来还有另一个说法，以前在一片被繁茂林木所覆盖的山林里，有一条大大的象豆果藤垂落在瀑布前，当瀑布冲击到这条藤蔓时，发出的声响能传到几千米之外，有时候甚至在孟洪县都能听到响声。南恒瀑布由三条瀑布排列而成，第一条瀑布高约 13 米，第二条高约 8 米，第三条高约 5 米。

❶ "南"为水之意，"恒"为强劲有力之意。

乌多姆赛省

05 南欣水库

　　南欣水库位于孟赛县会文村，距离孟赛县城约 8 千米。南欣水库作为自然风景区，是休闲放松和开展各种活动的地方，在这里您可以钓鱼、划船、游泳。这里还有度假酒店、餐厅、公园以及模拟各民族的民族村，是一个适合喜爱安静的人休憩和沐浴阳光的好去处。库区面积 121.7 平方千米，覆盖 7 个村庄，由多条溪流汇集而成。南欣水库建于 2007 年，省政府花费巨额经费建成了大型水利大坝，以促进本地区的农业生产，因为这里的土地十分富饶、适合农业开发。南欣水库是目前省内最大的集水水库，除用于农业种植、养殖外，还开发成为旅游景区和每年一度的乌多姆赛省传统龙舟赛的比赛场地。

06 宗翁洞

　　宗翁洞有水流经，有花纹精美的钟乳石和石笋，同时还有像宝石那样闪闪发光的白色石头悬挂在石崖的上方，如同美丽璀璨的灯火。该洞位于孟赛县宗翁村，距离孟赛县城约 45 千米，属大型山洞，有多个出入口。宗翁洞长约 16 千米，宽 15—50 米，高 25—100 米，是乌多姆赛省最美的山洞，洞内景观浑然天成，美

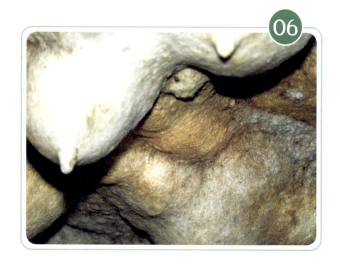

不胜收。宗翁洞的名字来自当地村庄的名字，但从前人们称之为蝙蝠洞或蝙蝠粪便洞，因为那个时候有很多蝙蝠居住在洞里，村民取蝙蝠粪便来制作土枪的火药。宗翁洞被发现于 2005 年，2007 年对外开放。2010 年经来自欧盟的科学家勘察，该洞被开发为国家级旅游景区。现在，已使用太阳能进行照明，照明的道路长约 500 米，但山洞的内部尚在保护中而没有进行任何改造。

07 南甲瀑布

南甲瀑布位于孟赛县班芬村，距县城约 24 千米，位于普西皮山自然保护区内。保护区内森林茂密，参天大树遮天蔽日，物种丰富多样，吸引着游客纷至沓来。南甲瀑布是单级瀑布，高 15—20 米，宽 20—50 米，瀑布前方有清凉的天然游泳池，游客可以坐在大石块上和水流中休憩、聚餐。该瀑布 1999 年被发现，2006 年对外开放。南甲瀑布名字中的"南甲"，有"最冰凉（极其冰凉）的水"之意。瀑布开发了道路、跨河桥、挂在树与树之间长达 1500 米的吊桥等便利基础设施。当您来南甲瀑布游玩时，可以在吊桥上欣赏大自然的美景，那种愉悦之情令人难以忘怀。

08 怀苏瀑布

怀苏瀑布发源于怀苏河，瀑布高达 79 米，位于普西皮山自然保护区内，距离南甲瀑布约 30 分钟步程。这里生物多样性突出，林木繁茂，空气湿凉。此外，瀑布附近还有树屋服务游客，那些喜欢宁静或刺激的游客可以在这里尽情溜索、攀岩或漫步林中。

乌多姆赛省

09 傣族手工艺村

　　班友傣族（老挝语称为"渺族"）手工艺村是距孟本县城约 7 千米，在 2W 号公路沿线的一个古老的傣渺文化村。村民们除了具有勤勉耕作的优良传统外，还以纺织缫丝和制作陶器为职业，这是该民族的独特生活方式。班友村发端于丰沙里省孟友县。一开始有 10 户人家搬迁到班友村居住，但由于生活不便，有 3 户人家搬回了原来的村庄，剩下的 7 户人家一直留了下来并发展成了今天的大村寨。游客可以留宿在村里以便观光游览和研究傣（渺）族的生活方式。

10 阿卡村寨

　　如果您想去乌多姆赛省当地著名的村寨游玩，了解当地人的生活方式，我们建议您去阿诺村。这是一个位于孟腊县东部的阿卡族文化村，距县城约 32 千米。阿卡族信仰鬼神，服饰方面有别于其他民族，特别是头巾的后面，语言声调与汉语和苗语相似。阿卡族的主要职业有种旱地、种植稻谷、买卖经商和养殖等。阿卡族新年在每年的 1 月份，9 月份有吃新米节，5 月份是拱门节（宴鬼节）。

11

11 巴本县

　　巴本县位于湄公河和南本河之间，在乌多姆赛西南部。巴本县有"南本河河口"之意，是一处著名旅游胜地。游客们可以从琅勃拉邦乘船前往巴本县，欣赏沿途湄公河两岸的秀丽风光，这里也是游客们喜欢顺道休憩住宿的地方。巴本县城内有酒店、宾馆和餐厅接待来自国内外的游客，还有多处古老而独特的寺庙古迹供游客和佛教信徒们前来参观、朝拜或为自己和家人祈福。

波乔省

◎波乔省地图

波乔省旅游景区

01	素万那空康古城	07	南甘国家级自然保护区——树屋
02	瓦忠考玛尼哈寺	08	南勇瀑布
03	帕虹山（雕崖山）	09	素万那帕康寺
04	帕登山（红岩山）	10	帕叭佛崖
05	法国军营旧址	11	东鹏县——金三角经济特区
06	老泰第四友谊大桥	12	南匠村

　　"珍贵宝石矿，赏木棉花开，各民族地区，黄金之地古城，观南育水帘洞，交谈元族少女，邀赏瓦忠考玛尼哈寺，礼佛素万那帕康宝塔"，是珠宝之都波乔省的旅游宣传口号。由于在这里的湄公河岸边开采发现有璀璨的宝石，这个省便被称为波乔省（P.Bokeo，意为宝石矿产省，也有译"博胶省"的）。波乔省曾是以前华孔省的一部分，总面积6000多平方千米，地处老挝西北部，该省北部与南塔省交界，东部与乌多姆赛省相邻，南连泰国，西接缅甸。波乔省共辖5县，即：会晒县（M. Houayxay）、东鹏县（M. Tonpheung，也有译"敦蓬县"的）、巴塔县（M. Paktha）、孟蒙县（M. Meung）、帕乌东县（M. Pha-Oudom），人口约18万，由多个民族组成。波乔省又是一个因地方特色美食而闻名的省份，特别是楠根村的米干和皮本通村的圆米粉。波乔省位于金三角地区，在这里湄公河将老、泰、缅三国隔开，这也为波乔省旅游业和经济发展带来了潜在优势。

01 素万那空康古城

　　素万那空康古城占地面积约10000公顷，位于董榻村与宏年村之间，距离东鹏县城约5千米，是波乔人民虔诚敬仰的地方。据史料记载，古城内的佛像及佛塔始建于公元5世纪，后经多次修缮。现在我们看到的大约40处倒塌折断的佛像修建于公元14至16世纪的澜沧王国时期。值得一提的是，这里还留存着老挝国内最大的佛像，高约7米。

02 瓦忠考玛尼哈寺

　　瓦忠考玛尼哈寺是一座神圣而古老的寺庙，也是波乔省著名的旅游景区之一。寺庙位于会晒县南会晒村。瓦忠考玛尼哈寺建于昭法坤京王期间，昭法坤京王是会晒村的最初创建者，1880年他最先到此建造会晒村。瓦忠考玛尼哈寺使用柚木建成，是当地民众心中的圣地。瓦忠考玛尼哈寺还是在石头上立木柱建房的建筑工艺的起源（现已被火灾烧毁）。寺内界石上的图画讲述着佛祖的历史，门板上雕刻着陶西通和娘马诺拉美丽动人的爱情故事，寺内还有用于占卜的石龟。

03 帕虹山（雕崖山）

帕虹山为音译，意为雕崖山，源于雕王夫妇的故事。帕虹山耸立在广袤而富饶的森林大地之上，位于巴拿村，在会晒县城以北28千米，海拔约1106米。在这里可以观赏到最美的景观，从帕虹山顶俯瞰可以看到青葱翠绿的森林、延绵的湄公河和飘浮在连绵起伏的大小山头上的雾海。引人入胜的风景无与伦比，令人叹为观止。帕虹山于2011年被开发为综合旅游景区，其中的一项龙式森林徒步活动尤为特别。

04 帕登山（红岩山）

帕登山即红岩山，在抗击美帝国主义时期有着重要的意义。该山位于会晒县巴拿村，在波乔省省城以北约36千米，海拔1517米。帕登山于2011年被开发为综合自然风景区，有众多吸引游人的项目，如森林徒步观景，赏雾海，户外宿营，参观美军哨岗石洞旧址，参观机场、大炮和战壕遗址。帕登山一带有着丰富的物种，包括古茶树和各种动物如老虎、鹿、麂子、松鼠等。夜晚还能听到领鸺鹠和棉枭的叫声，清晨则可以听到大拟啄木鸟迎接日出的歌声，令人心旷神怡。假如您已经游览过上述地方，您会在雾海笼罩的夜晚和清晨体会到一丝丝的寒意。到了中午和下午您可以观赏会晒县、东鹏县、湄公河泰国河岸、金三角和蜿蜒曲折的河流等风光。

05 法国军营旧址

法国军营旧址是见证印度支那战争历史的地方，位于会晒县城中心。该军营建于1900年，用于监控对立一方的水面及其在边境区域的活动情况。军营四面有围墙，内有办公室、监狱、军人宿舍以及厨房。军营前方和后方设有高高的瞭望观察哨，现在成了观景台，可以观赏到会晒城、湄公河以及对岸泰国的秀丽风光。

06 老泰第四友谊大桥

位于波乔省的友谊桥是老泰第四座友谊大桥，连接老挝波乔省会晒县班董村和泰国清莱府班董马哈弯村。该桥为跨湄公河大桥，长2480千米，宽14.70米，设有两个车道。老泰第四友谊大桥于2013年12月正式竣工通车。

07 南甘国家级自然保护区——树屋

南甘国家级自然保护区位于会晒县班睹村，距省城约 85 千米。保护区占地面积 136000 公顷，于 2008 年被正式宣布成为老挝第 21 个国家级自然保护区。南甘国家级自然保护区自然资源丰富，有各种各样的野生动物，包括西黑冠长臂猿等濒危动物。这里是又一处吸引游客来观赏珍稀野生动物的旅游景区。2004 年，保护区被开发成为"西黑冠长臂猿观测基地"，以宣传保护动物的重要

性，其方法是在原始森林当中高约 40 米的大树上修建树屋，作为观赏西黑冠长臂猿和其他动物的游客的休息地。此外，树屋之间还安装有缆绳，在保护环境的同时给游客带来独特的新体验。如今，南甘国家级自然保护区名声很大，特别是在那些喜爱生态旅游的外国游客当中。这里的生态游可以沿着南牙河在原始森林中徒步探险，那种刺激的感觉将给游客留下难以忘记的印象。

08 南勇瀑布

南勇瀑布是一个历史久远的旅游景区，为国内外游客所知晓。瀑布位于会晒县城西北约 27 千米的巴拿村。南勇瀑布高 3—4 米，镶嵌在美丽的自然山林之中，常年水流不息。目前，已修建了相关便利设施供游客使用，如小观景亭、商店、卫生间、吊桥和到达瀑布的便道。

09 素万那帕康寺

素万那帕康寺又称巴苔佛塔，是一处悠久而神圣的文化旅游景区，位于会晒县城以南约 2.5 千米的丁塔村。该寺建于 1022 年（小历 384 年）。据老人们说，以前每逢斋日十五的晚上，佛塔顶部就会发出明亮辉煌的光，这就是每年（老挝历法）12 月 15 日在寺里举行庙会的原因。

庙会进行三天三夜，白天有听经布道活动，晚上进行秉烛绕塔和娱乐联欢。

10 帕叭佛崖

帕叭佛崖位于马奥村，距会晒县城约 15 千米。帕叭佛崖是自然兼文化旅游景区。在石崖壁上有用阿努冯的剑尖雕刻而成的画像，以悼念他死在此处的女儿。此外，阿努冯还在湄公河中的巨石旁埋下了一些贵重的物品，并在巨石上刻下"去只有眼，来只有脚"的文字。但遗憾的是，这些贵重物品已经被不法分子盗掘一空，剩下的只有遗迹。如果有机会来游览帕叭佛崖，您不仅可以陶醉在帕叭佛崖周边美丽的自然风光中，还将感受到历史的沧桑。

11 东鹏县——金三角经济特区

东鹏县位于著名的金三角经济特区，是连接老挝、泰国和缅甸三国的边境区域。该县有许多旅游景点，包括经济特区、各类娱乐场所以及数量众多的商店、餐厅和酒店。除此以外，还有"中国城"市场，这也是游客们钟爱的一个地方。

12 南匠村

南匠村在会晒县城以东约 17 千米处（沿波乔省至南塔省公路）。该村是蓝靛族或蓝靛瑶的家园。这个民族因生活方式独特而广为人知，目前还保留着比其他民族更多的传统习俗。蓝靛瑶穿衣风格简朴，妇女下半身着三折筒裙，上半身着棉布长袖上衣，以黑色或靛蓝色染制，男子着靛蓝色长裤和黑色长袖上衣，这是该民族的民族服装。此外，蓝靛瑶还传承了竹子造纸工艺，以便用于各种仪式。在南匠村，每年年初蓝靛瑶都会像中国人那样举行一年一度的重要节庆——正月节。如果想要研究、学习和了解有关蓝靛瑶的文化或生活方式，可在任何时间探访南匠村，您将会受到热情而亲切的接待。

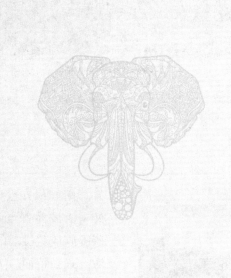

琅勃拉邦省

图例

——	道路	—·—·—	国界
13	道路编号	········	省界
省会		*i*	旅游信息办公室
县			

越南

往乌多姆赛

丰通

南巴　孟艾

万康

巴桑

琅勃拉邦省

往华潘

巴乌

宗佩

丰赛

i 琅勃拉邦

香恩

湄公河

4　13

孟南　普昆

往沙耶武里

往川圹

往万象

◎琅勃拉邦省地图

琅勃拉邦省旅游景区

01	香通寺	13	光西瀑布
02	维孙寺	14	琅勃拉邦高尔夫球场
03	琅勃拉邦博物馆（旧王宫）	15	香缅寺
04	普西佛塔	16	蓬泡寺
05	瓦迈寺	17	班占村
06	塔隆寺	18	"伙颇多"手工艺品中心
07	瓦仙寺	19	桑海村
08	夜市	20	坦丁洞（巴乌）
09	早市	21	大象营
10	坡西市场	22	达楔瀑布
11	民族学展览中心	23	农乔湖—孟艾古城
12	帕农村		

　　"魅丽琅勃拉邦，佛光普照，满城丝绸筒裙，游客们的天堂，温声细语甜又美，历史传说民间曲调，灵山耸翠城中央，悠久文化广流传，特色美食荤杂烩，九月的赛龙舟，众多的古寺庙，光西瀑布坦丁洞，世界遗产城市的瑰宝。"琅勃拉邦省是老挝北部省份之一，总面积约 18000 平方千米，人口约 40 万，共辖 1 个市 11 个县，即：琅勃拉邦市（M. Louangphabang）、香恩县（M. Xiang-Ngeun）、孟南县（M. Nan）、巴乌县（M. Pak-Ou）、南巴县（M. Nambak）、孟艾县（M. Ngoy）、巴桑县（M. Pakseng）、丰赛县（M. Phonxai，也译"蓬赛县"）、宗佩县（M. Chomphet）、万康县（M. Viangkham，也译"万坎县"）、丰通县（M. Phonthong，也译"蓬通县"）、普昆县（M. Phoukhoun，也译"富昆县"）。琅勃拉邦是一个充满魅力的省份，有机会到此一游的人总是沉醉其中、流连忘返，归来后仍念念不忘。尽管琅勃拉邦城很小，但"皇都"人们的文化习俗和生活方式使它与众不同，包括保留完好的古老建筑。游客到达琅勃拉邦后就会感到时间变慢了，感受着古朴的气息，沉浸在独特的氛围中，对琅勃拉邦于 1995 年被联合国教科文组织列为世界遗产城市也就不足为奇了。不单单这样，琅勃拉邦省还有独特而闻名的地方美食，如荤杂烩、鱼露辣椒酱、河苔片、小米辣糕饼、香肠等，无论是谁品尝过后都会为之倾心。

01 香通寺

　　香通寺建于 1559—1560 年赛色塔提腊王时期，庄严雄伟地矗立在琅勃拉邦城中心香通村的湄公河畔。香通寺是一座古老的建筑，体现最为地道的老挝风格。寺院伽蓝为 3 层低矮建筑，门板上雕刻着精美的纹饰，其他建筑除了雕刻精美纹饰外，还有用彩色宝石纹饰绘成的展现百姓日常生活的图案。寺外还设有停棺房，它是一个古代造型的大型建筑，通身涂满金色、绘有图案，用于存放西萨旺·瓦塔那国王的棺椁及御用车架。

02 维孙寺

　　维孙寺位于琅勃拉邦市维孙村，建于 1503 年，由琅勃拉邦城国王维孙纳腊在其执政时期修建。维孙寺的屋顶形状和底色与其他寺庙不同。寺内有一个半西瓜形的塔，当地老百姓称之为西瓜塔。1942 年，维孙寺被用作佛学艺术馆，但现在佛学艺术馆已搬到金宫。维孙寺还曾是安放拉邦佛的地方。

03 琅勃拉邦博物馆（旧王宫）

琅勃拉邦博物馆位于琅勃拉邦城区中心的尊控村，原是老挝王国国王的王宫，始建于 1904 年，1930 年进行扩建，在宫殿上方加建了殿尖。如今，经过改建和修缮已成为国家级博物馆，是展示历朝历代各种珍贵物品的地方。这里还是安放作为琅勃拉邦人民精神瑰宝的神圣拉邦佛之所，拉邦佛被安放在前面的新建伽蓝之内。琅勃拉邦博物馆内陈列着前国王及其家族成员的各种物品。

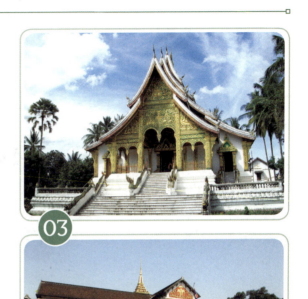

04 普西佛塔

普西佛塔庄严矗立于普西山山顶，建于 1804 年，宽 10.55 米，高 21 米。普西山顶与街道的高差为 100 米。在琅勃拉邦博物馆对面有登上普西佛塔的通道，西萨旺冯路有通往山顶的台阶共 328 级。登顶普西山后，可以感受到凉风习习，使人充满了力量，特别是傍晚夕阳西下或清晨旭日初升之时。加上可以 360 度全景观赏琅勃拉邦城的美丽风光，令人疲劳顿消，不虚此行。

琅勃拉邦省

05 瓦迈寺

瓦迈寺，又称新寺，位于琅勃拉邦城西萨旺冯路，靠近琅勃拉邦博物馆，建于15—16世纪，1796年重新进行了修缮。瓦迈寺伽蓝为5层建筑，屋顶铺以瓦瓷，具有老挝古式建筑之美。经过多次修缮，瓦迈寺现在的建筑形态较最初状态已有了相当大的变化，但仍保留着老挝特色。瓦迈寺是帕比雅迪坦佛学院的发祥地，1894年拉邦佛还曾经安放于此。

06 塔隆寺

塔隆寺位于琅勃拉邦市塔隆村，建于1818年（曼塔图腊国王时期）。寺内有用砖砌成的伽蓝，还有存放西萨旺冯国王骸骨的大小佛塔（大塔音译即为"塔隆"，并非万象市的塔銮）。此外还建有3座禅房，为老挝建筑风格。

07 瓦仙寺

瓦仙寺是一座按照老挝艺术风格建造的素丽的古老寺庙，位于琅勃拉邦市萨伽林路瓦仙村。该寺始建于1718年景基萨腊国王在位时期，1932年和1957年进行了修缮，按照琅勃拉邦工艺大师的手法样式作了贴金装饰，美轮美奂。

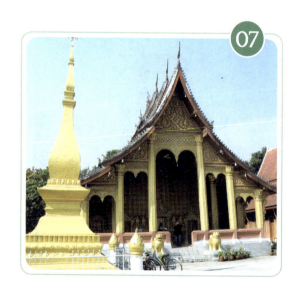

08 夜市

　　当太阳落下地平线，琅勃拉邦省的商贩们便从四面八方来到琅勃拉邦城中心，沿西萨旺冯路两边搭起帐篷售卖商品，这便是琅勃拉邦夜市。夜市于2002年正式开业，现已成为琅勃拉邦省的旅游地标之一，受到国内外游客的关注和喜爱。在夜市您可以轻松自在地游游逛逛，挑选老挝的民间产品，如丝绸布匹、民族手工艺品、食品、纪念品等，这些产品沿路整齐地摆放着，在柔和淡黄色灯光照耀下，营造出夜晚最美的氛围。

09 早市

　　琅勃拉邦早市设在巴康村的巷子里，距夜市不远。早市的规模不大，每天一大早，当地百姓纷纷来到这里售卖各种各样的东西，有新鲜蔬菜、肉类、大米、水果和一些草药。除此以外，这里还有当地的各种美食，如血旺、鲜血冻、炸昆虫等。如您想感受当地老百姓纯朴的生活，可别忘了来逛一逛这里的早市。

10 坡西市场

　　坡西市场位于坡西萨腊街，距离城区不远，在往光西瀑布方向的道路边上。坡西市场是琅勃拉邦省最大的市场，售卖各类商品，从食品（肉类、香料、蔬菜、新鲜水果）到服装、饰品、室内用品及电器等等，应有尽有。

11 民族学展览中心

如果您对老挝各族人民的生活方式感兴趣，我们推荐您去民族学展览中心。中心位于康涌村，距达拉市场约50米。这是一个保护老挝多民族文化和展现各民族生活方式的地方。民族学展览中心还销售精美的手工艺品和各种纪念品，并设有咖啡厅为前来游览的游客提供服务。

12 帕农村

琅勃拉邦市帕侬村距城区仅3千米，该村为傣族村寨，因手工纺织和独特的生活方式而闻名。如果您去帕农村，就会发现寨子里还保留着老挝古老的傣族房屋建筑，村民们也还保留着传统的生活方式。此外，帕农村内还设有商店和销售布匹的摊点，以方便国内外的游客购买。

13 光西瀑布

　　光西瀑布位于塔本村，距离省城约25千米。该瀑布是石灰石流水瀑布，高约80米，一层一层向下跌落，周围被繁茂的森林所围绕。瀑布如祖母绿宝石般秀美，加之青葱翠绿的森林，给到访的游客们留下了深刻的印象。在到达瀑布之前，在步道的右手边有多个奇丽的碧水潭，一些水潭允许下水嬉戏，这将给您带来清新愉悦的感受和真正拥抱大自然的体验。如果喜欢猎奇探险，您还可以从隆老村出发，徒步约三四个小时，穿过森林至光西瀑布。在到达光西瀑布前，您可以领略到当地苗族人的生活方式，观赏沿途美丽的自然风光。

14 琅勃拉邦高尔夫球场

　　高尔夫球场位于琅勃拉邦城区以西约6千米，球场漂亮而宽阔，可以说是全老挝风景和环境最优美的高尔夫球场。球场四周山林环抱，在这里可以欣赏秀丽宜人的森林风光，还可以俯瞰湄公河畔。琅勃拉邦高尔夫球场按照国际标准设计建成，共有18个洞，标准杆数72杆，球道长度达7433码。老挝全国的高尔夫爱好者都喜欢来这个球场打高尔夫球。

15 香缅寺

香缅寺是琅勃拉邦省又一座古老的寺庙，位于湄公河右岸的宗佩县香缅村，与琅勃拉邦市区隔岸相望。该寺的伽蓝卓异出众，独具老挝艺术特色的花纹图案精美，香缅寺也因此成为当地百姓敬仰祭拜的寺庙。

16 蓬泡寺

蓬泡寺位于琅勃拉邦市帕依村的小山丘上，是一座新建佛塔，距城区约2千米。进入寺庙区域，映入眼帘的是一座有顶佛塔状建筑，四周有回廊环绕。在这里可以眺望琅勃拉邦城外的风光和南康河。寺内建有一层层的房间，每层都绘有展现生命轮回的图画。最低一层的图画是有关地狱里情形，而最顶层则是有关天堂的画面。

17 班占村

班占村位于宗佩县境内的湄公河畔，因自古生产陶瓷制品而闻名。班占村制作锅缸坛罐的手艺非常精致，这里的村民大多从事制陶工作，陶器是班占村的特色产品，被销往省内外。您可以随时到访班占村观赏陶瓷制作工序，向村民购买各种陶器和纪念品，这些东西适合用于装饰房屋、寓所、酒店和餐厅。

18 "伙颇多" 手工艺品中心

　　"伙颇多"是一个手工艺品生产中心，位于塞隆村，靠近坡西市场。"伙颇多"的意思是"东方遭遇西方"。"伙颇多"手工艺品中心建于2000年，由一位醉心于纺织工艺的老挝女士和一位有着推动当地妇女手工艺发展愿望的英国摄影师共同成立。"伙颇多"商店内出售的手工艺品种类繁多，有棉布、绸布、丝绸筒裙、挎包、围巾，等等。此外，店方（中心）还教授纺布、针织等游客感兴趣的手工艺品制作方法。"伙颇多"手工艺品中心设有两个点，分别在瓦农村和瓦仙村。

19 桑海村

　　桑海村位于巴乌县境内的湄公河畔，距琅勃拉邦城区约22千米。桑海村的名字有"制坛巧匠村"之意，村民们自古以来就从事陶瓷制作，村子里发现了古代陶瓷窑遗迹和古坛罐。此外，村民们还以酿酒和纺织为业。您可到桑海村一游，并购买各种工艺纪念品带回家。

20 坦丁洞（巴乌）

坦丁洞是一神圣之洞（按照当地百姓的信奉），位于巴乌村对面的湄公河畔，在琅勃拉邦市区以北约32千米。您可以乘船沿着湄公河溯水北上前往坦丁洞。坦丁洞由两个洞组成：下坦丁洞和上坦丁洞。下坦丁洞有台阶从码头通往洞口，洞内有数量众多的佛像，这些佛像大部分为木制，是以前老百姓拿来这里供奉的。上坦丁洞比下坦丁洞高出50米，有台阶相连接，洞内有大型佛像多尊，为了关闭洞口还修建了洞门。坦丁洞既是一处自然景观，也是当地百姓敬仰朝拜的圣地。

21 大象营

大象营是一个值得游人关注的旅游去处。大象营地有很多处，比如在琅勃拉邦市香珑村和奴萨哇村。一些营地由外国专家建设和管理，一些营地则由老挝人经营服务。修建大象营是为了保护大象这一与老挝人相亲相伴的动物。前来观光大象营的游客可以参加各种令人印象深刻的项目，比如骑乘大象、在南康河给大象洗澡、看大象基本训练、喂食大象等。此外，上述地方还向游客提供宿营服务。

22 达楔瀑布

达楔瀑布位于香恩县的班引村，距琅勃拉邦城区约 16 千米。达楔瀑布属于石灰石低矮瀑布，但瀑布宽阔，分为 3 层，最后注入南康河。瀑布水面呈乳白色，其秀丽程度不逊于光西瀑布。要游览达楔瀑布，您需要从班引村乘船沿南康河前往，10 分钟即可到达。

23 农乔湖—孟艾古城

农乔湖有"绿湖"之意，位于孟艾县南乌河畔。农乔湖被美丽高耸的石灰岩山峦和青葱翠绿的森林环抱，形成了旖旎的自然风光。农乔湖边有一座建于 1973 年的跨南乌河旧桥，还有一些餐厅和旅馆，有些区域可以用上电和水。尽管人们已对农乔湖进行了开发，但它仍保留着原生态，宁静安详，非常适宜休闲放松。从农乔湖出发，沿着南乌河行船约一个半小时，您将到达孟艾古城。这是一个可以让游客远离城市喧嚣和污染、消遣放松的好地方。特别提醒您的是，雨季期间（特别是在 6 月至 8 月），孟艾古城的野生大虾会准时上市，给您带来美食大餐。

川圹省

◎川圹省地图

川圹省旅游景区

01	石缸平原（1、2、3号）	08	班那通村温泉
02	战争遗迹展览中心	09	班桑村小温泉
03	普更山——石缸生产地	10	达卡瀑布
04	普桑山上赏市区风景	11	坦帕佛洞
05	披耶瓦寺	12	坦比洞
06	粉塔	13	纳皮耶手工艺村
07	钟佩塔		

"川圹，普谷山大捷，石缸平原美名扬，孟芬姑娘美啊，邀您游览川圹省"，是著名老挝奇迹石缸平原所在的川圹省旅游宣传口号。川圹省位于老挝北部，总面积 16000 余平方千米，人口约 30 万，是一个多民族省份，下辖 7 个县，即：孟别县（M. pek）、孟昆县（M. Khoum）、孟康县（M. Kham，也译"孟坎县"）、帕赛县（M. Phaxai）、普谷县（M. Phoukout）、农黑县（M. Nonghet）和孟莫县（M. Mok）。川圹省坐落在海拔 1200 多米的高原之上，气候终年凉爽，被誉为"老挝的瑞士"。历史上特别是遭受新帝国主义入侵期间，川圹省成了重要的战略要地。现如今，川圹省得到了较大发展，拥有许多引人入胜的旅游景区。当您旅行来到川圹省，除了可以欣赏到优美的风景，还能品尝到闻名遐迩的特色美食，特别是燕子剁生、小鸡米、松茸和大勺蔬菜浓汤，此外还可以欣赏独具本省特色的川圹咔夫唱调。

川圹省
旅游景区

01 石缸平原 1 号

石缸平原又称查尔平原❶，数以百计的大石缸散落在这片绿色草原之上已有数千年的历史。但令人困惑的是，至今尚无人知晓这些石缸到底用来做什么，为什么会立在这里。石缸平原 1 号位于那沃村区域，在丰沙湾西南约 8 千米处。此处有 334 个石缸，最大的重达 10 吨，直径 8.14 米（经联合国教科文组织测量）。这些石缸在 2500—3000 年前就已经有了，让人困惑的是，在那个没有现代机械的时期，人

01

们是如何将石缸从近 10 千米之外的制造地普更山搬移到这里来的？此外，在石缸平原 1 号区域还发现了多个神秘洞穴，值得人们关注和研究。如今，石缸平原 1 号设有面向游客的资讯办公室和纪念品售卖店。

❶ 后者来自法语音译。

01

石缸平原 2 号

石缸平原 2 号位于帕赛县那阔村（从丰沙湾往帕赛县方向走约 20 千米），共有 92 个石缸，秀丽的林木散布在广阔的草原上。这里独秀于石缸平原的原因是有一座塔，据附近村民说，这座塔是法国人建造的（但尚无资料证实）。

01

石缸平原 3 号

石缸平原 3 号位于帕赛县班香迪村，距丰沙湾约 32 千米，总面积 54138 平方米。石缸平原 3 号由散落的约 150 个石缸组成，这里自然风光秀丽，绿树成荫，是川圹省第三大最受欢迎的文化旅游景区。

02 战争遗迹展览中心

战争遗迹展览中心位于那沃村，与石缸平原1号相接，从1号公路走距丰沙湾约8千米。展览中心汇集了各种战争遗迹遗物，反映了老挝人民特别是川圹省人民在同新老帝国主义斗争中所展现出的英勇传统。战争遗迹展览中心是川圹省人民爱国精神的见证，反映了战争的残酷。除了战争遗迹遗物外，中心还展出了当地人民的传统手工艺品供您观赏。

03 普更山——石缸生产地

石缸生产地普更山位于丰沙湾西北约15千米处。据传说，巴甘城（孟芬城）的统治者坤章命令手下在这里打造石缸用来装酒，犒劳在同敌人的斗争中凯旋的将士。1960年代抗击新帝国主义战争时期，普更山顶成了老挝人民解放石缸平原的战场和军事要地，战士们挖凿普更山使之能够连通起来，然后在山脊两侧浇注混凝土，建造了长约100米的防御工事，以阻击敌人的进袭。防御通道内有卧房和仓储间。普更山自2012年1月23日起正式对游客开放，建有柏油路，还修建了从山脚直达山顶的水泥阶梯，方便那些喜欢徒步的游客爬山，从而观赏到川圹高原广阔无垠的秀美景色。

04 普桑山上赏市区风景

川圹省省城丰沙湾，
即孟别县，是一处散发着
芬族❶姑娘魅力的地方，
充满了坤章王❷的文明气
息，被上有广阔草原、柏
树丛生的山脉所环绕，使
得这个城市终年凉爽。来
到川圹的人们都会登上普

桑山❸顶（普桑酒店）一览省城孟别县（丰沙湾）的街景，在这里可以欣赏到孟别县
的全景，同时还可以感受在大自然绿意环绕下当地人民简朴的生活方式。因此，普桑
山是来川圹省之后又一个不可错过的观景点，特别是在冬季（10月至次年3月），您
可以感受到笼罩在城市上空的茫茫雾海所带来的清凉，欣赏清晨时分金色的阳光透过
柏树林铺洒在大地上令人如痴如醉的画面！

❶ 是自古就生活在川圹一带的民族。
❷ 老挝历史传说中川圹一带的统治者。
❸ 普桑山有"象山"之意，"普"即山，"桑"即大象。

05 披耶瓦寺

披耶瓦寺位于孟昆县
城中心的披耶瓦村，距丰
沙湾约30千米。披耶瓦寺
是老挝古国孟芬（今川圹
省）大地上建造的最早寺
庙，建于小历744年，已
有约700年的历史。传说，
那时候孟芬城的统治者昭
兰康功王从琅勃拉邦请来
具有寺庙建造手艺的达磨

颂大法师帮助建造了披耶瓦寺。建成后，昭兰康功王从罕达瓦底（今缅甸）恭请了一
尊神圣的佛像供奉于寺内，这使孟芬城变得繁荣昌盛，披耶瓦寺也成了当时僧侣们学
习求法的地方。尽管披耶瓦寺多次遭受战争的破坏，但如今已得到了重新修缮。而大
佛像和旧的寺院界石依然安放在那里，直到今天还在向人们诉说着新帝国主义侵略战
争的凶残野蛮。

06 粉塔

粉塔位于孟昆县西蓬村。这座塔有着悠久的历史，传说佛陀在印度圆寂后进行了火化，天下信徒都去取佛陀的骨头（舍利骨）来敬拜，但川圹人民去晚了，只拿到了粉灰。舍利骨需要建造一座塔来安放，直到小历 307 年才把粉灰安放在小塔里。到了小历 742 年，第 24 位

孟芬城国王命令建造大塔取代原来的小塔。从那以后，每到宋干节时，孟芬人民就纷纷到此浴佛和相互祝福。

07 钟佩塔

钟佩塔位于孟昆县城内，长期以来被孟芬人民视为珍宝。钟佩塔外观与粉塔相似，建于公元 1422 年（小历 787 年❶）。那时候，昭帕卡王把能够照耀整个孟芬城的金光闪闪的精美宝石放置在塔尖上，因此，人们就把这座塔称为"钟佩塔"（意为顶部有宝石的塔）。但遗憾的是，公元 1874

年（小历 1237 年）战争时期胡族人破坏了钟佩塔并抢走了宝石和珍贵物品，只剩下了如今我们见到的这般模样。

❶ 公历与小历相差 638 年，而此处相差 635 年，显然是错误的。下文的公元 1874 年（小历 1237 年）相差 637 年是有可能的，因为小历的新年已过而公历则未到新年。

08

08 班那通村温泉

　　川圹省有很多温泉，但数量最多的要数孟康县，而该县最著名的温泉便是班那通村温泉。班那通村温泉距孟康县城仅 800 米，这里的温泉水质清澈，终年流淌。温泉水温 45℃—50℃，如今人们把它围成池子作为冬天洗澡的地方。浸泡在温泉里放松，消除疲惫，神清气爽，再惬意不过了。

09 班桑村小温泉

09

　　班桑村小温泉是另一个著名温泉，距孟康县城约 4 千米。这是南玛河岸流出的温泉，水温约 60℃，含有矿物质，具有治疗皮肤病的功效。现在，班桑村小温泉被开发成了旅游景区（乡村旅游），有民药蒸间、古法熏蒸按摩间、矿泉洗浴间和酒店。此外，游客还可以在森林中徒步，在餐厅里享受美食，参观村民织布或购买他们的产品。

10 达卡瀑布

达卡瀑布位于农黑县康帕南村，在丰沙湾前往农黑县约100千米处，从7号公路再往里走约5千米即到。当您到达瀑布就会看到藏身于大自然之中的美景，这里林木繁茂，生物多样性丰富。达卡瀑布水质清凉，终年流淌，从未干涸过，因为它是从崖缝里流出来的泉水。达卡瀑布有很多级，最后一级高40—50米，每级都很秀丽，游客可以从下方往上走。

11 坦帕佛洞

坦帕佛洞是川圹省的自然和文化旅游景区，距丰沙湾约48千米，从7号公路往农当方向走，过农当100米后左转约3千米便可到达。坦帕佛洞深约150米，从洞口往里走约12米就可以看到一尊高约4.20米、胸宽1.80米、膝宽约3.20米的大佛像。从大佛像再往前走55米就会看到280多尊小佛像。洞内墙壁上刻有13位佛教领袖的画像，画像下方用高棉文写有每个人的名字。同时，墙壁上还有体现那个时期僧侣生活的壁画。从这些高棉文字和贝叶经中可以获悉，这些佛像建于小历145年11月的望日（15日）星期六，已经有1200多年的历史了，那是一个佛教极其繁荣昌盛的时期。

12 坦比洞

　　坦比洞位于本龙村的山坡上，距孟康县城约 4 千米。该洞被茂密葱郁的树木所覆盖，洞内洼道宽阔，往里延伸长达数百米，从山脚往上到山洞出口高约 80 米。在山洞下方还有一个小水洞，清澈凉爽的水从洞孔里流出。战争时期，坦比洞留下了十分悲惨的历史：1968 年 11 月 24 日，美军用 F-105 战机向洞内发射火箭弹以杀害正在洞中避难的老百姓，致使 374 条鲜活的生命顷刻间死亡。因此，坦比洞成了具有重要历史意义的纪念地，每年的这一天（视为仇恨侵略战争日），县政府就会带领人民举行纪念仪式，追悼在那次战争中遇难的亡魂。每隔 5 年就举行一次国家级活动来纪念上述日子，每次活动都会有来自国内外的众多人士参加。

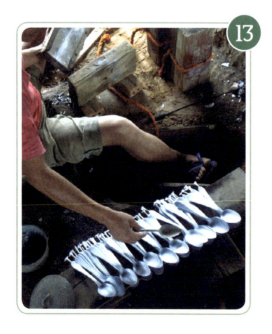

13 纳皮耶手工艺村

　　纳皮耶村距丰沙湾约 35 千米，是一个被表彰为文化村的村寨，村民们制作的手工艺品很有名，特别是铸造的勺子。纳皮耶村村民充分发挥个人创造性，使用战争遗留下来的金属废弃物来制作勺子用于日常生活和售卖。如今，有大量游客前来纳皮耶村游玩和购买手工艺品，纳皮耶村已具备了发展成为川圹省新的旅游景点的优势。

华潘省

◎华潘省地图

华潘省旅游景区

01	桑怒县	13	南诺瀑布
02	城柱宝园	14	领导人故居洞
03	华潘—广宁友谊园	15	凯山·丰威汉故居洞
04	西本亨赛雅哈寺	16	苏发努冯故居洞
05	普赛萨那哈寺	17	诺哈·冯沙万故居洞
06	那孟温泉	18	富米·冯维希故居洞
07	万通热泉	19	坎代·西潘敦故居洞
08	南艾河—普勒山国家级自然保护区	20	西沙瓦·乔本潘故居洞
09	萨乐瀑布	21	西吞·贡玛丹故居洞
10	石柱公园	22	费当·罗比瑶故居洞
11	纺织手工艺村——那萨拉村	23	喷·西巴色故居洞
12	燕子洞	24	桑洛洞

华潘省
简介

　　"山川秀丽，马河水清，万赛历史，桑岱绸缎，华孟石柱，叁韶之地，泉水碓磨，这里是英雄的土地"，是华潘省的旅游宣传口号。华潘省以前称为"桑怒省"，是老挝抗美救国战争时期革命力量集结的两个省份（桑怒和丰沙里）之一，系山区省份，位于老挝东北部，面积16500平方千米，与越南、琅勃拉邦省和川圹省交界。华潘省人口约30万，由老龙族、白泰族、红泰族、泰讷族、泰诺族、苗族、克木族等多个民族组成。华潘省辖10个县，即：桑怒县（M. Xam-Nua）、香科县（M. Xiangkho）、孟燕县（M. Hiam）、万赛县（M. Viangxai）、华孟县（M. Houa-Muang）、桑岱县（M. Aam-Tai）、索包县（M. Sopbao，也译"锁宝县"）、艾德县（M. Et，也译"艾得县"）、孟关县（M. Kone）和孟松县（M. Xon）。华潘省具有独特的地方艺术，比如"森"（诗背诵）和桑怒咔夫、桑岱咔夫等，同时也是一个地方美食声名远播的省份，有凹鱼酱、箭竹笋汤、苦笋汤、苦肠汁泡皮等特色美食。另外，要是有机会来到华潘省，别忘了买上一套纹路精美细腻的蚕丝筒裙，这可是需要用将近3个月的时间才能织出一块的筒裙布制成的。

华潘省
旅游景区

01 桑怒县

　　"桑怒风景，山区中最美"，歌声描绘了桑怒县山林环抱、郁郁葱葱的景象。该县位于山坳中，海拔 1200 米以上。桑怒县是华潘省的省会，社会经济尤其是旅游业发展突出。该县是远近闻名的城柱宝园所在地，也是《哨潘赛》歌曲诞生地潘赛村所在的县。清晨可以到南桑河边的大市场逛逛，购买生鲜、干货以及手工纺织的花纹精美的布匹。这些商品提高了当地的知名度。另一个少不了的东西就是凹鱼酱，桑怒县正是传承了一代又一代的凹鱼酱制作工艺的发源地。

02 城柱宝园

　　城柱宝园是华潘省的地标，庄严矗立在桑怒县城中心，由华潘省党政机关始建于 2007 年 9 月 24 日，2008 年 5 月 17 日竣工，以展现老挝各族人民进行艰苦卓绝英勇斗争的革命传统和英雄事迹。华潘省曾经是爱国力量的聚集地和革命根据地，该省被称为"老挝人民民主共和国的发祥地"。正因为如此，城柱宝园成了华潘省的一个神圣之所，到那里的人们都要前去拍照，以此来证明自己到过华潘省，您可以随时到宝园一游。

03 华潘—广宁友谊园

　　华潘—广宁友谊园位于桑怒县城中心，是华潘省的旅游景区之一。在越南广宁省援助资金的帮助下，友谊园于 2012 年 10 月 20 日动工兴建，2013 年 3 月 30 日完工。园内有人工石柱、浴池、水碓和各种树木如环纹榕、坡垒树、沉香树等。这座公园葱郁清凉，适合休闲放松，特别是傍晚时分可以到此锻炼身体，呼吸清新的空气。

04 西本亨赛雅哈寺

　　西本亨赛雅哈寺位于桑怒县城，距帕提路约 1 千米，建于 2009 年 3 月 12 日，2013 年 5 月 25 日竣工。该寺内安放着翁德佛像，是从普赛萨那哈寺搬过来的。翁德佛像受到华潘省人民，乃至老挝人民的虔诚信奉。西本亨赛雅哈寺矗立于山巅，被美丽的大自然环绕，因此这里也成了观赏整个桑怒县风景的观景点。在这里县城美景尽收眼底，您可以全角度欣赏到城里的景色。

05 普赛萨那哈寺

普赛萨那哈寺位于桑怒县桑怒村，距市中心约 1 千米。该寺曾是华潘人民的精神瑰宝——翁德佛像的安放地。1553 年赛色塔提腊王登基后，便带领人民在澜沧王国都城（现在的首都万象市）建造了佛寺和大佛像，作为抗击缅甸封建王朝入侵胜利的象征和广大老挝人民的朝圣之所。这尊佛像用赤铜和黄铜铸造而成，重 1 德（古代重量单位，相当于 1 吨），十分精美，令人敬畏，如今耸立在首都万象市的翁德寺内。此后，赛色塔提腊王向人民宣布，要在各城市建造佛寺和大佛像作为纪念上述事件。尽管找来的铜和物资重量不到 1 德，但无论铸造成的是大佛像还是小佛像，都取名为"翁德佛"。在收到命令后，孟绥城（从前华潘省内的一座古城）的西苏林汤玛翁王就命令重要人士成立专门小组负责执行，于 1565 年建造了一尊大佛，重达 3850 千克，为赤铜铸造，取名为"翁德佛"，安放在孟绥城的一座古寺中。1984 年 4 月 10 日，华潘省恭请翁德佛像来到桑怒县普赛萨那哈寺，2013 年 5 月 24 日又恭请翁德佛像到新建的西本亨赛雅哈寺。现在，尽管普赛萨那哈寺已经没有了翁德佛像，但该寺依然受到华潘省和其他地方人民的尊敬和景仰。

06 那孟温泉

天气变凉时，在美丽的大自然中浸泡着暖暖的温泉，没有什么比这更舒服的了！那孟温泉距那孟村约 1 千米，距桑怒县城约 22 千米，有浴池、泡池和露天浴场可供服务。这里的温泉是天然温泉，水温相当高，可煮熟鸡蛋。据附近村民讲，温泉中含有矿物质，对治疗皮肤病如疥疮、牛皮癣等有一定功效。

07 万通热泉

　　万通热泉位于华潘省西部的孟燕县，距省城桑怒约 155 千米，交通方便。该热泉是老挝境内温度最高的热泉，水温高达 100℃，来自地下的矿物质具有治疗疥疮和牛皮癣等皮肤病的功效。因此，万通热泉成了华潘省群众和外来游客们喜欢的地方，他们浸泡在温泉中消除紧张疲惫，放松心情。

08 南艾河—普勒山国家级自然保护区

　　南艾河—普勒山国家级自然保护区位于孟燕县，距桑怒城区约 155 千米，森林面积 3380 平方千米，其中有山峰高达 2257 米。这个保护区树木众多、葱翠茂密而且终年潮湿，是各类动物的栖息地，有金钱豹、老虎、山猫、鹿、麂子、猴子及其他动物 200 多种。因此，南艾河—普勒山国家级自然保护区被开发成了华潘省又一个旅游景区，令人感兴趣的旅游项目有乘船观赏野生动物、林中徒步等。2013 年 11 月 17 日，景区获得英国伦敦世界旅游展览会（WTM）授予的"负责任旅游奖"。如果您到华潘省，别忘了顺道去保护区里去体验一下（白天和夜间均可）。

09 萨乐瀑布

　　萨乐瀑布位于从川圹省到华潘省的6号公路旁的丰赛村，距桑怒县城约36千米。该瀑布特点是山坡高，长约100米，最宽处10米，是当地规模最大的瀑布。由于萨乐瀑布风景优美且位于大路边，路过的人都忍不住去看一看，在那里玩耍、散步，坐一坐、聊一聊，赏赏风景，因此萨乐瀑布也是十分受欢迎的旅游景点。景区内还有各种便利设施，如餐厅、卫生间以及从瀑布脚到瀑布顶的吊桥。

10 石柱公园

　　石柱公园位于华孟县那朵村，距华潘省省会约64千米，从6号公路往里走5.7千米即到。这个公园有大量的石柱沿着长长的道路散落着，一直延续到林木繁多的山脊和坂坡上。这些石柱有超过1500年的历史，由云母岩构成，被切割成薄而长的岩块，并被埋下（最高的石柱被埋在中间，高约3米），地下则有大而深的地道。1930年，人们在石柱公园发现了一批文物，如陶制的装骨头的罐子，里面有用于埋葬尸体的石器和陶制装饰品。现在，华潘石柱还是一个未解之谜，等待着研究者们继续探索和寻找答案。

11 纺织手工艺村——那萨拉村

"翻手为纹，覆手为花"是称颂那萨拉村妇女们心灵手巧的谚语，村里不论是少妇还是老妪都掌握女红，特别是纺织"玛密"丝绸筒裙。而男性则以酿白酒为业，并且名噪全省。这两个职业为村里人带来了巨大的收入，商品甚至出口国外。那萨拉村位于6号公路旁，距桑怒县城约40千米，

进出道路方便，村民们用灿烂的笑容欢迎国内外游客前来游览和购物。

12 燕子洞

燕子洞位于华潘省东北部的万赛县（在6号公路桑怒县至万赛县段之间），距桑怒县城约24千米。燕子洞以前被称为南考洞，但现在已改叫燕子洞，原因是洞里栖息着许多燕子。

13 南诺瀑布

南诺瀑布位于万赛县萨玛奇赛村，在桑怒县前往万赛县公路的22千米处。南诺瀑布的特别之处在于它位于深山老林的中心位置。在这里，动物的鸣叫声随风入耳，听闻过后会感觉要迷失在这大自然的美景之中。除了下水嬉戏，您还可以漫步林中，欣赏南诺瀑布周边的风景，也可以坐下来野餐，呼吸清新空气。

14

14 领导人故居洞

　　领导人故居洞大多位于万赛县城区内，游览十分方便。这个区域内有多位老挝重要领导人如凯山·丰威汉、苏发努冯、诺哈·冯沙万、富米·冯维希、坎代·西潘敦、西沙瓦·乔本潘、西吞·贡玛丹、费当·罗比瑶、喷·西巴色等居住过的山洞，其中有些山洞还没有改造完善以接待游客，如富米·冯维希故居洞、费当·罗比瑶故居洞、西吞·贡玛丹故居洞、西松蓬·洛万赛故居洞、中国使节故居洞等。

15

15 凯山·丰威汉故居洞

　　凯山·丰威汉故居洞也叫"坦帕汉洞"，位于万赛县城陡峭的山崖前。1964—1973年，凯山·丰威汉及其家人曾在此居住。那时候，凯山·丰威汉是老挝人民革命党总书记。洞内有卧室、会议室、休息室、厨房、饭厅、卫生间、巡哨室和化学爆炸紧急躲避室。在洞穴所在的崖脚建有2栋房屋，是1973年1月签署停战协定后才建起来的，作为居住和召开会议的地方，这里还有宽大的花园和各种遮阴树。

16 苏发努冯故居洞

苏发努冯故居洞又叫"坦本洛岱洞"，位于万赛县城，1964—1973 年间苏发努冯曾居住于此。洞前方有占巴花树、橘子树和其他鲜艳的花朵，如同老挝人民的鲜血染过的老挝大地。这里最独特之处是有一个大大的炸弹坑，被装饰成心脏的形状。

17 诺哈 · 冯沙万故居洞

诺哈 · 冯沙万故居洞位于万赛县城，1964—1973 年间诺哈 · 冯沙万曾居住于此。

18 富米 · 冯维希故居洞

富米 · 冯维希故居洞又称"坦洛发洞"，距万赛县城约 200 米。富米 · 冯维希曾于 1964—1973 年间居住于此。洞口建有坚厚高陡的混凝土墙，用来遮拦美国飞机投放的火箭弹。

19 坎代 · 西潘敦故居洞

坎代 · 西潘敦故居洞又称"坦帕崩洞",位于万赛县城,坎代 · 西潘敦曾于 1964—1973 年间居住于此。

20 西沙瓦 · 乔本潘故居洞

西沙瓦 · 乔本潘故居洞又称"坦果开洞",位于万赛县城。西沙瓦 · 乔本潘曾于 1964—1973 年间居住于此。

21 西吞 · 贡玛丹故居洞

西吞 · 贡玛丹故居洞位于富米 · 冯维希故居洞的后方,距万赛县城约 200 米。

22 费当 · 罗比瑶故居洞

　　费当 · 罗比瑶故居洞又称"坦恩洞"，距万赛县城约 2 千米，洞口前有公路经过。费当 · 罗比瑶曾于 1964—1973 年间居住于此。

23 喷 · 西巴色故居洞

　　喷 · 西巴色故居洞又称"坦永松洞"，位于万赛县城，可步行前往观赏。1964—1973 年间喷 · 西巴色曾居住于此。

24 桑洛洞

　　1964—1973 年抗击美帝国主义及其走狗斗争期间，坎代 · 西潘敦领导下的老挝人民军队最高指挥部设在纳盖中心区最大的溶洞内，也就是这个桑洛洞。桑洛洞之所以得名，是因为洞穴宽大，连象群都可以穿过（"桑洛洞"为音译，意即"大象可以穿过的山洞"）。在这个巨大宽阔的洞穴里，有许多地下隧道相互连通，雨季时会听到水流撞击隧道的声音。战争时期，数千名指战员居住于洞内，其中有往返于前线的军人，也有驻扎在这里执行万赛根据地保卫任务的军人。

沙耶武里省

◎沙耶武里省地图

沙耶武里省旅游景区

01	南甸水库	07	万乔村手工艺
02	西本亨寺	08	洪沙县城柱塔
03	南鸿河畔夜市	09	大象节
04	达航瀑布	10	龙舟节
05	南堂千洞区	11	达坤鬼神游行大典
06	会南腮河药用植物园	12	大谷堆丰收节

　　"孟科县布瓦塔的美丽，孟恩县玛康塔的礼佛，香昏县香隆塔的佛恩，巴莱县高升节的乐趣，肯陶县美胜少女的吉贝花，博登县的甜椰汁，平原洪沙县的象牙山，孟平县的金稻穗，沙耶武里县的咔夫喃调响彻全城"，是位于老挝最西部湄公河右岸的沙耶武里省的旅游宣传口号。沙耶武里省有着悠久的历史，以拥有最多象群的省份而著称，每年的 2 月份沙耶武里省举办大象节，以保护被老挝人民视为吉祥物的大象。"沙耶武里"意为胜利之城，历史上，这里的人民为了保护家园，与侵略者进行了艰苦卓绝的斗争并最终取得胜利，由此取名为沙耶武里省。沙耶武里省总面积 16000 多平方千米，人口约 40 万，由多个民族组成，下辖 11 个县，即：沙耶武里县（M. Xaignabouli）、孟科县（M. Khop）、洪沙县（M. Hongsa）、孟恩县（M. Ngeun）、孟平县（M. Phiang）、香昏县（M. Xianghon，也译"香洪县"）、博登县（M. Boten）、肯陶县（M. Kenthao）、通米赛县（M. Thongmixai）、赛萨坦县（M. Xaisathan）和巴莱县（M. Paklay）。

沙耶武里省
旅游景区

01 南甸水库

　　如果您想到沙耶武里县附近观光休闲，我们向您推荐南甸水库。水库位于县城以南约 6 千米处的伦沙瓦村，乘车仅需 15 分钟。南甸水库原来是一个普通的蓄水库，后被开发成综合旅游景区。在这里，您除了能领略旖旎的自然风光，还可以瞻仰难觅的佛足印。同时，南甸水库周边还为游客提供便利设施，如餐厅、游船和大象保护中心，在大象保护中心游客可以参加骑象活动或了解大象相关知识。

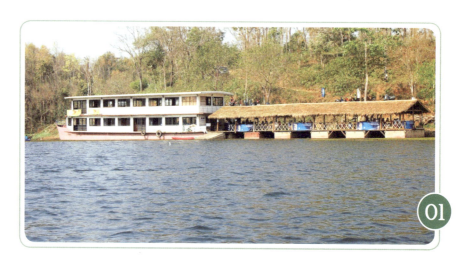

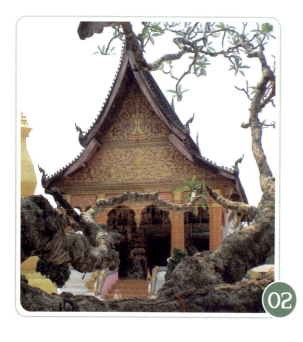

02 西本亨寺

　　西本亨寺又叫班雅寺，位于沙耶武里县班雅村，距县城约 1 千米。该寺是一座古寺，建于 1456 年，神圣非凡，是目前沙耶武里省家喻户晓的寺庙。沙耶武里省的老百姓和各地香客常来寺里祈祷和祭拜，以求吉祥如意。每年佛历 3 月 13—15 日，会在西本亨寺举办帕威节（达坤鬼神游行），游行活动从下午 4 点到晚上 7 点。

03 南鸿河畔夜市

　　该夜市坐落于沙耶武里县城中心，沿南鸿河畔贯穿整个城区。南鸿河畔夜市是游客在傍晚沿南鸿河边散步游玩、欣赏风景、享用晚餐的首选，这里为游客提供美味可口的餐食和种类繁多的饮品。

04 达航瀑布

　　达航瀑布位于博登县孟航村，距城区约5千米，瀑布高30米，深15米，宽30米。达航瀑布常年水流不断，风光秀丽，空气清新，适合休闲娱乐和放松心情。此外，瀑布周边还有游客常去祈祷和祭拜的佛像。

05 南堂千洞区

南堂千洞区位于班乔村，在沙耶武里县城以南约 43 千米处，可乘车或乘船前往。南堂千洞区域包括 4 个村，即纳汤村、班乔村、巴洪村和淮肯村。您在此可以体验多种旅游活动，如森林徒步、溶洞观光、民宿过夜、品尝地方美食、欣赏民乐、弓弩射击和乘船漂流。该景区是在亚洲开发银行的可持续旅游开发项目支持下开发完成的，自 2011 年起对游客开放。

06 会南腮河药用植物园

会南腮河药用植物园位于会京村，在沙耶武里县城东南约 19 千米处，于 2009 年得到亚洲开发银行的可持续旅游开发项目支持，自 2011 年起开始对游客开放。会南腮河药用植物园是风景优美的自然风光旅游景区，这里空气清新，适合休闲放松，在与家人朋友野餐的同时您还可了解多种药用树木的功效。如果感觉疲惫，还可以进行草药桑拿、古式按摩或下到会南腮河中泡澡游泳。

07 万乔村手工艺

　　万乔村是沙耶武里省首个文明村，位于洪沙县，在沙耶武里省城以北约 98 千米处。万乔村是傣族村寨，自古以来就有纺织丝绸的传统，共有 160 户人家，以种田和养殖为主业，妇女以纺织独具傣族特色花纹的丝绸为副业，产品声名远扬，畅销省内外并出口国外。至今，这个村寨仍保留着历史悠久的傣族独特风俗。到访万乔村的游客可以购买傣族人制作的各种手工艺品和纪念品，如筒裙、上衣、围巾、桌布和其他天然染色的棉制品。

08 洪沙县城柱塔

　　洪沙县城柱塔或曰普塔，位于阔登山上，面朝湄公河，距洪沙县城约 500 米。该塔建于佛历 2115 年（公元 1572 年）。洪沙县百姓视该塔为当地的精神瑰宝和圣地，每年宋干节（老挝历法 5 月），洪沙县百姓将旧岁的最后一天作为浴佛日，成为传统习俗并一直传承至今。上山参观城柱塔的人，不仅可以祭拜城柱塔，还可以从高处欣赏洪沙县城的美景和日落。

09 大象节

沙耶武里省曾以老挝拥有最多象群省份的身份而著称，大象节每年2月17—19日举行，旨在促进对与老挝人和谐共处的大象的保护。上述节日活动项目很多，有大象节选美、大象游行、大象表演、大象拴线仪式、小象训练（将小象带入水坝）、大象劳力使用示范、骑象、大象洗澡等。除此之外，还有文艺表演、放映大象相关知识影片以及国内外商品展销。近年来，越来越多的游客前来参加大象节。

10 龙舟节

龙舟节是沙耶武里省每年解夏节（或开门节）当天举办的大型传统节日，与首都万象市的龙舟节同期举行。龙舟节期间，除了男女龙舟比赛外，还有龙舟之女选美、龙舟选美、击鼓比赛、地方美食评选、赶摆等众多活动项目。除此之外，老百姓还在夜间燃放烟花和水灯，为龙舟节增添了喜庆氛围。

11 达坤鬼神游行大典

达坤鬼神节是老挝的传统节日，在沙耶武里省久负盛名。老挝历法 3 月 13—15 日，在沙耶武里县家喻户晓的西本亨寺（位于班雅村，距沙耶武里县城约 1 千米）举行达坤鬼神节。农历十三日是达坤鬼神在寺庙旁的墓园中受戒的日子，由长者举行宗教仪式并在当天傍晚（约下午 4—7 点）以游行方式将达坤鬼神从墓园抬到寺庙内做法事念经，并让老百姓祭拜。满三天三夜后（农历十五），在寺庙旁南鸿河边举行达坤鬼神告别仪式。每年达坤鬼神节期间，大量信众前来参加节日、布施和颂文（地方曲调）。

12 大谷堆丰收节

沙耶武里的大谷堆丰收节在老挝历法 2 月 13—15 日举行。丰收节在沙耶武里省城以南约 37 千米处的孟平县宋沙瓦村举办，从省城前往耗时约 1 小时。节日活动项目众多，有丰收节选美、稻谷—大米游行、长鼓—尖底鼓比赛、骑象观光、侗楞族活动欣赏、文艺表演和好声音选拔等。不仅如此，丰收节期间还有传统体育比赛、高升比赛、地方美食评选、赶摆及其他传统活动。

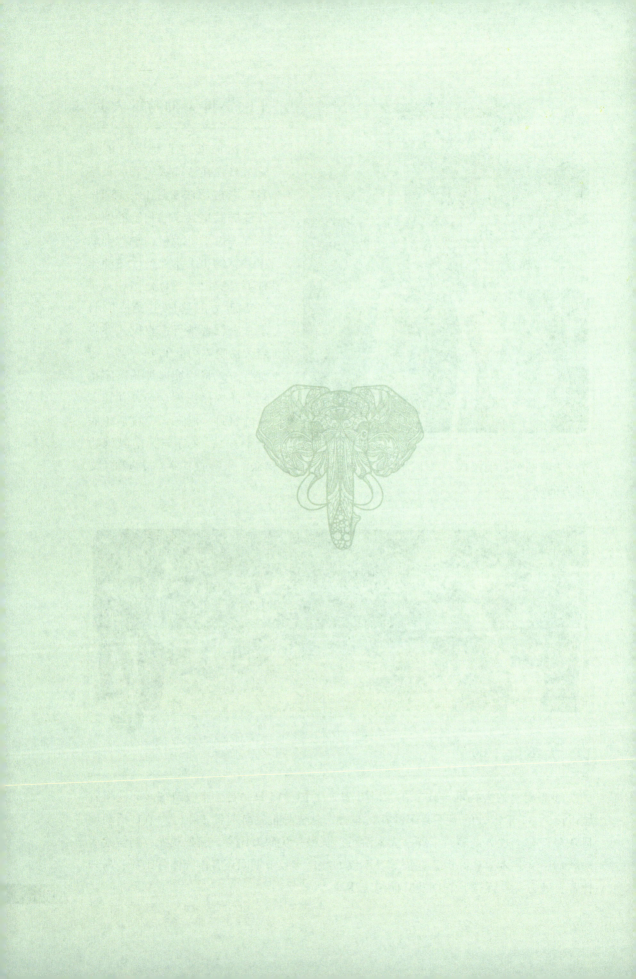

万象省

◎万象省地图

万象省旅游景区

01	万荣风光——南松河漂流	09	托诺康崖
02	坦江溶洞	10	东乔塔寺
03	金蟹洞	11	三色金佛
04	码头村	12	南利水库
05	敬芮瀑布	13	南俄河度假村
06	大象洞	14	南俄河自然风光
07	清风洞	15	班根动物园
08	昆琅洞		

　　"湃囊古城，驰名的南俄河，飞升传说，百姓的粮仓，欢唱南俄咔夫调，靠天吃饭的自然生活，人民团结在一起"，是万象省的旅游宣传口号。万象省位于万象市北面，是前往老挝北部各省的门户。万象省是昭法昂统一老挝建立广袤的澜沧王国后的繁华都城湃囊古城所在地。1989 年，万象省从万象市剥离，独立成省，下辖 11 个县，即：万康县（M. Viangkham，也译"万坎县"）、孟丰县（M. Fuang）、新河县（M. Hinheup，多译为"欣合县"）、嘎西县（M. Kasi）、万荣县（M. Vangviang）、乔乌敦县（M. Keo-Oudom）、丰洪县（M. Phonhong）、孟门县（M. Mun）、孟迈县（M. Met）、杜拉空县（M. Thoulakhom）和萨那康县（M. Xanakham），总人口约 50 万。万象省在经济社会发展和旅游开发方面具有巨大潜力，由于距离首都万象市不远，国内外游客络绎不绝，特别是万荣县，可谓享誉全球。万象省有名的食物有万荣县码头村的酸鱼、鱼酱、鱼干，乔乌敦县桑沙旺村的酸小盾鳢和玻璃鱼（巴乔鱼），万荣县和嘎西县的美味菜汤。

万象省
旅游景区

01 万荣风光——南松河漂流

　　万荣县是一个小县城，但举世闻名，深受国内外游客的喜爱。静谧的城区被山峦和南松河环绕，使其成为游客们的天堂，可与中国桂林山水相媲美，故有"老挝小桂林"的美誉。这个备受欢迎的旅游小城距首都万象市仅 160 千米，是当地人和前来老挝的外国游客周末休闲的好去处。万荣的户外冒险旅游活动种类繁多，如皮划艇、溶洞探险等，特别是坦江洞、大象洞、坦淮洞、金蟹洞、坦南洞、坦依洞和帕当崖的探险。还有一项必不可少

的活动，那就是南松河轮胎漂流，在锦绣山水之间顺流而下，十分惬意，感觉时间都停止了。

❶ "坦江"为老挝语音译，有僵硬、痉挛之意。

02 坦江溶洞

　　备受旅客青睐的万荣坦江溶洞，在老机场附近约 500 米。坦江溶洞是万荣县唯一一个有内部照明的溶洞。附近百姓把这个溶洞看得很神圣，如果有谁在洞内做不好的事情，身体将会出现不适（无法动弹），这便是坦江❶溶洞名称的由来。

03 金蟹洞

坦普坎溶洞，即金蟹洞，位于万荣县纳通村，距万荣城区仅 3.5 千米。洞口距地面 100 米，入口狭小，但洞内空间巨大，有一尊卧佛。山崖下有从山体内流出的清泉，游客

喜欢在此处玩水并体验滑索。传说有一对金螃蟹居住在此溶洞中，幸运的人将会遇到它们，这便是溶洞名称的由来。

04 码头村

码头村是顺道购买礼物的地方，这里最有名的是村民从南俄水库中捕获的各种天然的鲜鱼以及由此制成的鱼干。

05 敬芮瀑布

敬芮瀑布位于万荣县纳端村附近，距城区约 7 千米，自路口进去约 2.7 千米。1960 年前，该瀑布有 45 米高的巨大水流，但由于塌方，现今仅剩下 32 米高，塌方下来的土石也致使水池深度仅有 1 米，因此非常适合下去游泳放松。该瀑布 2009 年全面开放，由当地村公所管理。

06 大象洞

大象洞位于纳道村，在万荣城区以北约14千米处。在大象洞内，可以看到大量贝壳化石以及形状各异的钟乳石。洞内有建于佛历2511年的佛塔，洞的右边有佛像和形似大象的天然石头，因此得名大象洞。

07 清风洞

清风洞即坦隆溶洞，是万荣县另一个著名景区，距万荣县城约4千米。坦隆溶洞十分漂亮，步入洞内，可感受到习习清风吹过整个溶洞，因此得名"清风洞"。清风洞是休闲避暑的好去处。

08 昆琅洞

昆琅洞位于嘎西县淮山村附近，在嘎西县城西北约18千米处，洞内遍布形状各异的钟乳石。溶洞附近还有名为"南淮达"的瀑布，常年水流丰沛。关于昆琅洞，当地有一个传说，即关于昆卢和娘瓦不朽爱情的传说，而昆琅是个不正派的人，是昆卢和娘瓦爱情的插足者。昆琅洞于1987年被发现，但直到2010年才正式对外开放。

09 托诺康崖

托诺康崖位于孟丰县纳图村，距孟丰县城约 3.5 千米。以前托诺康崖是禁区，百姓对其十分敬畏。目前已变成有名的旅游景区，游客们从四面八方前来欣赏托诺康崖美丽的自然风光和山崖的怪异嶙峋。山崖两侧有被村民视为珍宝的"金笋"（即"托诺康"）。

10 东乔塔寺

东乔塔寺位于丰洪县纳劳村中心，距城区仅 1 千米，已建成 400 余年。人们推测，这里的东乔小塔（东乔地宫）与万象塔銮的地宫建于同一时期，因为两个塔非常相似。每年 3 月 15 日（老挝历法）月满之日，人们会在此举行东乔塔寺节庆典活动。

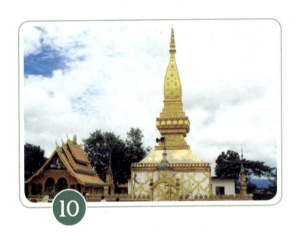

11 三色金佛

三色金佛位于杜拉空县林山村，距县城 5.5 千米，可以乘车或乘船前往游玩和祭拜。三色金佛是一尊坐佛，目前由村公所负责管理。该尊佛像与林山村历史悠久的龙舟节有关。近年，人们还在该村附近发现了古船，据估计船龄 200—300 年。

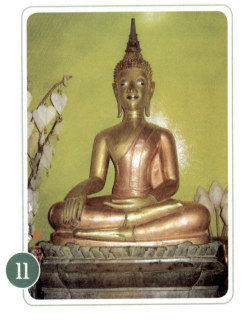

12 南利水库

南利水库分为 1 号和 2 号，位于孟丰县纳瑟村附近，距孟丰县城约 15 千米，南利水库 1 号、2 号属于大型水库，自然风景优美，内有宽阔的岛洲，村民可以把牛赶到上面吃草。此外，库区附近还有瀑布。

13 南俄河度假村

天湖酒店是南俄河水库边的度假村，内设餐厅、酒吧、泳池、水上运动、高尔夫球场等。此外，还有 24 小时对外国游客开放的赌场，来这里的游客大多是泰国人和越南人。对于老挝人，法律明令禁止赌博。

14 南俄河自然风光

　　观南俄河风光，最好的去处是南俄河大坝。南俄河被誉为"老挝海"，位于乔乌敦县桑沙旺村，距县城约 8 千米，有大小岛屿 2000 多个，1962 年在大坝建设的同时作为景区对外开放。南俄河景色宜人，碧波万顷。设有观景楼，系白色房屋，有阶梯盘旋而上。这里深受国内游客的喜爱，他们会在周末携家人和朋友前去休闲、吃鱼、划船。

15 班根动物园

　　班根动物园距万象市约 70 千米，在前往南俄河大坝的 10 号公路旁，靠近牛角山一带。班根动物园里有很多野生动物，如豪猪、懒猴及其他猴子、野猪、鹿、麂子、龟，以及各种鸟类和水生动物，适合周末携家人前往观看。

赛宋本省

◎赛宋本省地图

赛宋本省旅游景区

01	普比亚山	08	龙镇禅房
02	阿努冯洞	09	战壕
03	南俄河2号大坝	10	帕泽勒瀑布
04	会诺瀑布	11	达雍瀑布
05	普莫山	12	达蚌瀑布
06	王宝故居	13	帕瑟瀑布
07	旧王宫		

　　"寻找龙镇历史，饱览雾山风光，阿努冯洞里觅英雄伟绩，顺流而下赏塔通自然风光，在龙山的瀑布下团聚野餐，倾听孟洪帕泽勒瀑布的传说。"赛宋本省成立于2013 年 12 月 13 日，是老挝的第 18 个省份和最年轻的省份，位于该国的中部地区，北边和东边挨着川圹省，南边与波里坎赛省相接，西边连着万象省，下辖5个县，即：阿努冯县（M. Anouvong）、龙镇县（M. Longchaeng）、龙山县（M. Longxan）、孟洪县（M. Hom）和塔通县（M. Thathom），总人口约 8 万人，其中大部分是苗族人。这里空气清新，年平均气温 20℃，全省大部分为陡峻的高山地区，自然资源丰富，各民族文化和习俗五彩斑斓，老百姓勤劳勇敢、团结友爱、淳朴善良、热情好客。

116

赛宋本省旅游景区

01 普比亚山

普比亚山是老挝的最高峰，海拔 2820 米，位于阿努冯县，距省会约 30 千米，山顶平均气温约 -5℃，植物种类繁多，特别是有一种植物覆盖地表，就像堆上了稻草，踩上去软软的。山上还有许多珍贵林木，如山坡就分布着好几千棵桧木。此外，还有多种野生动物栖息于此。普比亚山上空气清新，终年凉爽，适合户外休闲和沐浴阳光。

02 阿努冯洞

阿努冯洞位于象头山村，在阿努冯县城以北约 4 千米处，是一个天然溶洞。溶洞周围遍布大大小小的山，南匝溪流经洞口，洞口附近还有另外 2 个溶洞，第一个高 7 米，宽 4 米，深 30 米，第二个高 3.5 米，宽 5 米，深 300 米。传说，这个溶洞是阿努冯国王在暹罗入侵川圹地区时的藏身之所，因敌众我寡，国王才不得不把军队驻扎在这里，然后把这里命名为章南城，即现今的南匝。

03 南俄河 2 号大坝

　　南俄河 2 号大坝是用于水力发电和农业生产的大坝，距阿努冯县城约 35 千米。南俄河 2 号大坝是赛宋本省著名旅游景区，是一个秀丽的淡水湖，适合休闲放松，游客可以乘船感受南俄河凉爽的清风，欣赏美丽的大自然。有两条路可以前往，一条是从万荣县淮莫岔路口前往拉绍西村码头，第二条是从南永村岔路口前往纳度码头。

04 会诺瀑布

　　会诺瀑布位于南莫和通哈村之间的贡考山，距阿努冯县城约 30 千米，该瀑布高约 200 米，终年流水，节假日特别是老挝新年期间人们纷纷前来游玩，附近还有百姓种植的甘蔗园、香蕉园和沉香园。

05 普莫山

　　普莫山位于龙镇县近郊，是自然旅游景区，适合日光浴和呼吸新鲜空气。早上，整座山雾气缭绕，云山雾海，宛若仙境，来到龙镇县的人们都纷纷慕名前来体验。

06 王宝故居

　　王宝故居位于龙镇县龙镇村，仅限工作时间进入参观。这栋建筑包括 21 个房间，是敌人的走狗王宝 1966 年建设的，是王宝在新帝国主义侵略战争期间的居所。目前，上述房屋已成为教育下一代的重要纪念馆，以便让后人们看清卖国者对老挝各族人民犯下的罪行。该建筑将于不久后被改造成为赛宋本省特别是龙镇县的重要历史旅游景区。

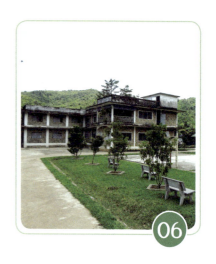

07 旧王宫

　　老挝王国西萨旺·瓦塔那国王的旧王宫，位于龙镇县龙镇村附近。西萨旺国王于 1967 年下令修建该王宫，用作国王及王室成员从首都琅勃拉邦来到这里的行宫。国家解放后，旧王宫就成了一个历史遗址，如今经过重新修缮成了旅游景区。

08 龙镇禅房

　　龙镇禅房建于 1966 年，此禅房是龙镇地区唯一一座禅房。禅房内有许多大大小小的佛像，是僧侣们静修和祭祀的地方。现如今这里只剩下禅房，已经没有僧侣在此修行。

09 战壕

战壕于 1969 年由王宝带领修建，系使用炸弹壳修建而成，宽 2 米，高 2 米，现今仅剩下 3 个坑，属于历史旅游景点。

10 帕泽勒瀑布

帕泽勒瀑布位于南浅村，距孟洪县城约 6 千米。瀑布发源于陡峭的山崖，高约 100 米，终年流淌。这里生物多样性丰富，林木葱郁，空气宜人。关于帕泽勒名称的由来，据村民说是有人在瀑布附近发现了一尊黑色佛像，佛像有多个边角，后来当地百姓就把此处山崖叫做帕泽勒崖（意为有多个棱角的山崖）。

11 达雍瀑布

达雍瀑布位于巴雍村自然保护区内，距 1 号公路约 2 千米，为三段式瀑布，高约 30 米。周边生物多样性丰富，还有不少珍稀野生动物。瀑布两侧林木葱茏，空气清新。

12 达蚌瀑布

达蚌瀑布位于南葵村附近，距龙镇县城约 8 千米，瀑布高约 18 米，为两段式瀑布，上段高约 10 米，下段高约 8 米。瀑布周围郁郁葱葱，群山环抱。达蚌瀑布是到龙山县的人们必不可少的一个旅游去处。国家解放后，即 20 世纪 70 年代中期，迁移到此的村民发现有一汪清泉流入南葵河，这里聚集了各种前来喝水的野生动物，有大象、野牛、鹿、麂子、野猪、熊、黑熊等，故称该瀑布为达蚌❶瀑布。

13 帕瑟瀑布

帕瑟瀑布在龙山县城以北约 18 千米处，瀑布高约 20 米，宽 30—40 米，为两段式，每段高约 10 米。下段有沿着地面流出的水，而上段另有瀑布垂落，这里有一个大大的蜜蜂窝。下段内凹，足以容纳 100 多人睡在里面。因为附近村民在此吃饭时感觉食物比在其他地方更美味，故而得名帕瑟❷瀑布。

❶ "蚌"意指野生动物来喝水的地方。
❷ "瑟"意指可口美味。

波里坎赛省

◎波里坎赛省地图

波里坎赛省旅游景区

01	帕巴寺	07	坦芒公溶洞
02	蓬山寺	08	班纳村
03	丹松寺	09	楠洪崖
04	达赛瀑布	10	新佛足印（坦沙能溶洞）
05	达勒瀑布	11	龙王高升
06	阳科村达永瀑布	12	北汕双色河

　　"俊俏眉族少女的故乡，亚洲独角兽的栖息地，昂贵的沉香木，旱地万顷宽又远，蓬山神圣的佛足印，人称北汕玫瑰之地"，是北汕玫瑰之地波里坎赛省❶的旅游宣传口号。这里是珍稀野生动物的栖息地之一，比如南腾—南嘎丁自然保护区的中南大羚（亚洲独角兽）。波里坎赛省位于老挝中部，总面积14863平方千米，下辖7个县，即：北汕县（M. Pakxan）、塔帕巴县（M. Thaphabat）、北嘎丁县（M. Pakdading）、波里坎县（M. Bolikhan）、坎革县（M. Khamkeut）、万通县（M. Viangthong）和赛占蓬县（M. Xaichamphon）。波里坎赛省是1983年设立的一个省，系从万象省和甘蒙省划分出部分区域合并而成。波里坎赛省人口约30万，由30多个民族构成，是老挝拥有民族最多的省份。波里坎赛省地理区位优势明显，在贸易和旅游方面具有重要地位，是上寮（北部）通往下寮（南部）的第一个门户。此外该省还与2个国家接壤，即东面的越南和西面的泰国，是连接东西南北四个方向的枢纽。

❶ 以前有译"波里坎省"的，那是因为以前叫 Bolikhan，现在称 Bolikhamxai。

01 帕巴寺

位于 13 号（南）公路边上的帕巴村，距塔帕巴县城约 6 千米。该寺神圣而古老，过往旅客都会借机前往参拜，祈求一路平安。以前这里只剩下厚厚的石块和茂密的锡兰蒲桃。1933 年 4 月对寺庙进行了修复，再后来围绕佛足石修建了地宫，但很快又拆除并重新修缮。据说发现的佛足印是佛陀在岩石上留下的，以供百姓参拜。上述佛足印是右脚足迹，长 1.2 米，深 0.49 米，脚趾齐平，足迹中间位置有莲花转轮图案，转轮周围有 108 种动物图案。

02 蓬山寺

蓬山寺即钟倘纳卡密寺，位于塔帕巴县蓬山村，距万象市约 80 千米，沿 13 号（南）公路走，到了帕巴村看到指示牌右转继续前行约 2 千米，就会看到坐落在湄公河畔山丘上的寺庙。"蓬山"意为高陡之处，传说公元元年的时候，第 28 代佛祖降临到这里的漩涡处（蓬山漩涡）用斋，湄公河中的两位分别叫做苏卡哈提纳和桑卡拉纳的龙王前来迎接和参拜。两位龙王将岩石打扫干净，堆成山丘"蓬山"，然后邀请佛祖坐在上面用斋，于是便留下了打坐的痕迹。现如今，人们在岩石上建了一尊佛像。上述两位龙王请求佛祖在此留下佛足印，于是佛祖便特意在阔吉维扬瓦岗（如今的帕巴寺区域）的岩石上踏下足迹让两位龙王看护。

03 丹松寺

丹松寺❶建于1940年，位于北汕县通艾村。从北汕县城沿4号公路行驶约5千米，然后左转前行500米，您将看到丹松寺。传说丹松寺与民间故事"十二女"有关，因为寺内有疑似故事主角娘梅莉侧卧的石头画。此外，还有田埂、鹌鹑、小狗等石头画，而乌龟的石头画已被破坏。

❶ "丹"指石板、圆盘。

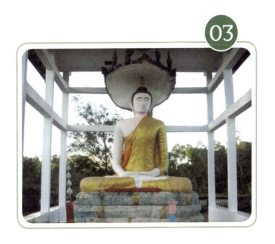

04 达赛瀑布

达赛瀑布位于牛角山国家级自然保护区的哈凯村，距塔帕巴县城约19千米。瀑布是多层瀑布，雨季尤其漂亮，您可以乘车或乘船前往游玩。除此之外，帕赛崖（形成达赛瀑布的山崖）区域还是研究生物多样性的场所，特别是针对多种野生石斛的研究。达赛瀑布自2004年起对外开放，有观景台、宾馆和卫生间等旅游便利设施。达赛瀑布适合野餐、玩水和感受大自然的多姿多彩。

05 达勒瀑布

达勒瀑布位于塔帕巴县淮勒村，在达赛瀑布附近，距县城约17千米，是隶属于牛角山国家级自然保护区的旅游景点，设有生物多样性展览厅，于2004年正式对外开放。达勒瀑布是拦阻南勒河水流而形成的瀑布，水流对岩石冲刷了几百万年，形成了现如今形态万千的独特瀑布。在这里游客可以进行森林徒步以探究生物多样性，还可以搭起帐篷露营过夜，与大自然来个真正的拥抱。

06 阳科村达永瀑布

达永瀑布位于塔帕巴县阳科村，距城区约 28 千米，是一个风景迷人的旅游景区，适合休闲野餐、戏水游泳和森林徒步。目前阳科村的基础设施如道路、电力、宾馆、餐厅和饮用山泉已进行开发，可为国内外游客提供便利服务。此外，您还可以留宿这里以亲身感受眉族人的生活，体验种地和饲养牲畜。回程前，您还可以购买眉族特产作为伴手礼。

07 坦芒公溶洞

坦芒公溶洞（有"龙洞"之意）位于和溶洞同名的坦芒公村，靠近 8A 号公路，距坎革县城约 20 千米。该溶洞像个大型隧道，低洼处有清泉流淌。此外，还有形状各异的钟乳石。坦芒公溶洞自 1999 年起对外开放。

08 班纳村

班纳村位于帕巴寺附近，在牛角山国家级自然保护区的边上，距塔帕巴县城不到 10 千米。班纳村以森林徒步活动闻名，以前是游客森林徒步夜观野生象群的目的地。现在从班纳村到阳科村的森林徒步有了更多的活动，如跳水、探究生物多样性等，游客还可以在村民家留宿，学习各种手工艺品制作。

09 楠洪崖

楠洪崖也叫匹洪崖，位于坎革县城（拉骚）通扎能村，据说以前每逢佛日，村民们便听到从高崖处传出的呼喊声，这便是匹洪崖名称的由来（"匹洪"有鬼叫喊之意）。来到山崖上的观景点，将观赏到作为老越两国国界的富琅山脉（又称长山山脉）的巍峨壮丽，而另一侧则可以瞭望坎革县城的风光。楠洪崖自 2008 年起对外开放。

10 新佛足印（坦沙能溶洞）

新佛足印（坦沙能溶洞）位于塔帕巴县纳赛村，距城区约 20 千米，佛足印是考古人员于 2010 年发现的。塔帕巴县老百姓对佛足印非常虔诚，他们坚信到此参拜的人将心想事成。

11 龙王高升

龙王高升即龙王烟花（火竹筒），是一种神奇的自然现象，发生在老挝历法每年11月望日之夜（出夏节当天），时间在18:30—20:00。龙王高升有点像火柱从水面喷出，高10—15米，璀璨夺目，没有烟雾，也没有声音，然后便静静地消失在天空中。到目前为止，人们都无法弄清楚为什么会发生这一现象，有人说为这是河中龙王参拜佛祖。观看龙王高升的地方有两个，分别是塔帕巴县湄公河畔的蓬山村和温塔村。

12 北汕双色河

"如果你去波里坎赛北汕县，别忘了去看神奇的双色河……"歌词中提到的北汕县著名的双色河是两条重要河流交汇之处，浑浊的湄公河水和清澈的南山河水汇聚于此，形成了吸引国内外游客的美丽画卷。河边餐厅遍布，有产自湄公河和南山河的各种美味鲜鱼，此地是您来到北汕县必不可少的一个去处。

甘蒙省

◎甘蒙省地图

甘蒙省旅游景区

01	西库达蓬塔（老城塔）	08	坦南洛色邦菲溶洞
02	他曲风光	09	大象洞
03	坦龚罗—纳丹溶洞	10	南沙琅瀑布
04	功伶潭	11	南敦潭
05	坦帕佛洞—甲鱼池	12	坦帕展溶洞
06	坦楠恩溶洞	13	坦巴赏溶洞
07	法国码头		

　　"甘蒙，自然之大地，英雄的历史，帕雅舞发源地马哈赛，喝竹笋美味鸡汤，膜拜西库达蓬寺，苎麻糕的生产地，携手百姓加快发展，为人民谋幸福"，是历史悠久的甘蒙省的旅游宣传口号。公元 5 年，甘蒙省曾是扶南和真腊王国所在地，以西库达蓬城（西库达布拉）之名为人所知。在旧殖民主义时期遭到侵略和占领，西库达蓬城更名为他曲县，如今成了甘蒙省的省会。甘蒙省位于老挝中部，在万象市以南约 350 千米，东面与越南接壤，西面与泰国交界，总面积 16000 多平方千米，涵盖生物多样性丰富的纳盖高原。甘蒙省大部分地区系沿湄公河分布的平原地区，另一侧则是长山山脉和豪果山。甘蒙省总人口约 30 万，下辖 10 个县，即：他曲县（M. Thakhek）、马哈赛县（M. Mahaxai）、侬布县（M. Nongbok）、欣本县（M. Hinboun）、容玛腊县（M. Gnommalat）、布阿拉帕县（M. Boualapha，又译"布拉帕县""东方县"）、纳盖县（M. nakay）、色邦菲县（M. Xebangfai）、赛布阿通县（M. Xaibouthong）和昆康县（M. Khounkham）。有机会来到甘蒙省的人，可别忘了去参拜西库达蓬塔和购买可口的苎麻糕作为伴手礼。

甘蒙省
旅游景区

01　西库达蓬塔（老城塔）

　　西库达蓬塔是一座神圣之塔，也是甘蒙省的标志，位于他曲县西库村湄公河边的一座古寺内，在他曲县城以南约 6 千米处。该塔于 6—8 世纪西库达蓬王国时期修建，是存放佛陀舍利的地方。同时还有西库达蓬王的塑像矗立于此。16 世纪的澜沧王国时期，赛色塔提腊国王按照澜沧风格进行了修复，于 1539 年在底座上增加了莲花图案。目前，西库达蓬塔有 7 层华盖，高 2 米，最中心的部分用铁做成，而华盖用金银打造，顶端有琉璃灯，塔座每侧宽 25 米，塔高 30 米。

02　他曲风光

　　他曲是甘蒙省省会，位于湄公河畔，是交通要地，它的对面就是泰国的那空帕侬府。他曲的很多建筑十分美观，多建造于法国殖民时期，如今在他曲城中特别是靠近湄公河边的喷泉附近还保留着法式建筑的风格。他曲县名称的含义，是指停靠外国船只的码头，旧殖民主义时期很多外国商贩行船来到这里做买卖或途经这里，而这个名称一直沿用至今。

03 坦龚罗—纳丹溶洞

坦龚罗—纳丹溶洞位于龚罗村和纳丹村之间，距昆康县城约46千米。坦龚罗溶洞景色秀丽，有从石灰岩山体中流出的河流，洞内有礁石、钟乳石和沙滩20余处，可以乘船进入。旱季水位下降时最适合进洞参观，乘船入洞后可以下船到白沙滩上散步，感受洞内的清凉。"龚罗"的意思是"等候的军队"，澜沧王国时期老挝的军队"等候"在这里阻击入侵的暹罗军队。该溶洞长约7.5千米，宽30米，高20—100米不等。溶洞自2002年起正式对外开放。

04 功伶潭

功伶潭是孔乔河支流功伶河的发源地，潭水湛蓝，形圆似烟斗，宽1960—1970米，深约25米。水域内有22米长的水道，周围到处是四子柳，使得潭水在不同季节呈现出3种不同的颜色，即翡翠色、红色和天蓝色。功伶潭位于欣本县纳克村，距城区约19千米。传说，从前每逢佛教节日的下午，就会听到类似和尚敲击更鼓的声音（"功伶"有下午敲的更鼓之意），当地村民说是鬼神在击鼓。据说几百年前，班纳寺一位名为雅库巴标的大师在潭中洗澡后上岸靠在树上抽烟，烟斗从手上滑落掉入水中，大师便下水寻找，当大师来到潭中央的水下时，发现了一个漂亮的翡翠色玉制管状物，里面还有水，寓意是大师在寺内报更用的更鼓（功伶），此潭因而得名功伶潭并沿用至今。

05 坦帕佛洞—甲鱼池

坦帕佛洞—甲鱼池位于纳康桑村附近，沿 12 号公路走，在他曲县城东北约 14 千米处。洞内有 229 尊佛像，年份都在 600 年以上，是西库达蓬王国时期和澜沧王国时期留传下来的。因洞的前方有一只漂亮的甲鱼，因而取名坦帕佛洞—甲鱼池。该佛洞分两层叠在一起，上层是干洞，放置着大大小小的佛像，呈阶梯状摆放，下层的洞里有水从甲鱼池流淌而出。两个洞长度相当，约 200 米，洞内遍布规格不一、形状各异的石笋和钟乳石。

06 坦楠恩溶洞

位于他曲县班平村，在 12 号公路旁，距县城约 18 千米。坦楠恩溶洞是燕子群的栖息地，传说这里是一位城主的儿子陶香和一位隐士的养女苏塔瓦迪幽会的地方，因此得名坦楠恩溶洞（意为燕子姑娘洞）。该溶洞高 30 米，长 2.5 千米，建有台阶以便游客观赏浑然天成的石笋和钟乳石。当我们走出洞外，会看到很多参天大树和各种小动物如鸟儿和松鼠。坦楠恩溶洞洞口处十分凉爽，就像"天然空调"一样，因为清风不断地吹拂着。溶洞前方有停车场，树荫下有桌椅，还有餐厅、卫生间和宾馆供游客使用。

07 法国码头

　　法国码头也叫和平潭，位于松勘村和班坨村之间，在 12 号公路往马哈赛县的方向，距他曲县城约 14 千米。和平潭水质清澈，位于南敦河上，周围是石崖和森林。大家称这里为法国码头，是因为在法国统治老挝时期法国人喜欢到此休闲和游泳。目前该潭水深 3—5 米，雨季深达 6 米，还有蓝色的石头凸出水面。

08 坦南洛色邦菲溶洞

　　坦南洛色邦菲溶洞，并不位于色邦菲县，也并非是色邦菲河的发源地，事实上它位于布阿拉帕县（东方县）隆宾村，距县城 15 千米，沿 12 号公路往马哈赛县方向走，然后右转即可到达。坦南洛色邦菲溶洞是这一带最漂亮的溶洞，长达 9.5 千米。这里只能步行进入，在观赏溶洞的同时还可以健步。

09 大象洞

　　大象洞位于他曲县班坦村区域的崖壁上，沿 12 号公路走，距城区约 8 千米。洞内有形似大象的石灰岩，故而得名"大象洞"。当地百姓敬畏放置在洞内的圣物，每逢老挝新年人们便从四面八方前来浴佛和祭拜洞内的象头、佛像及各种雕像。洞内有形似各种动物的岩石，洞口左侧还有装着贝叶经的石箱。如果您到大象洞旅游，一定要顺着木台阶和蜿蜒的道路爬上崖顶，在观景台上瞭望万顷良田环抱他曲县城的美景，并观看绵延的湄公河。

10 南沙琅瀑布

　　南沙琅瀑布是一个孪生瀑布，位于欣本山国家级自然保护区的普帕曼山，隶属于昆康杭村，距昆康县城约 3 千米。驾车只能到达山脚，然后需要在山间步行约 1 千米。如果早上 8 点前往，将有机会看到红腿白臀叶猴群下来喝水。该瀑布高 70—100 米，分为两支（孪生）。当朝霞落在瀑布上，便形成绚丽的彩虹。沿着水流往下走，将看到一潭碧水，清澈见底。最佳观赏时间是 8 月到 11 月。

11 南敦潭

南敦潭是甘蒙省又一处著名旅游景区，位于他曲县班纳村，地处崖底，潭水湛清，可以乘船前往，沿南敦河上行约 20 千米即可达到洞口，南敦河水即自此流出。法国探险家曾在此发现过四五条没有眼睛的无鳞淡水鱼，长约 5 厘米，生活在该洞穴内。洞口附近有像水坝一样成排分布的石头，洞穴的东面有 2 个连通到水潭的孔。南敦潭一带有种类繁多的鱼类栖息于此。

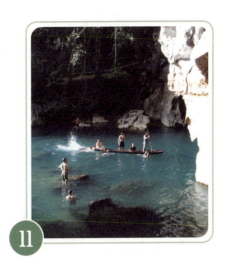

12 坦帕展溶洞

坦帕展溶洞位于他曲县班岱村，沿 12 号公路走，距县城约 22 千米，靠近孟本佛塔。坦帕展溶洞是开放式溶洞，可以十分便利地进出，洞口宽约 80 米，高 90—100 米，有河流从洞内流过。坦帕展溶洞因洞内有檀香木制的佛像 ❶ 而得名。每年 5 月望日之时，当地村民都会前来举办月亮节。

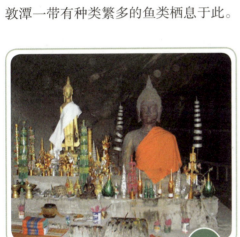

❶ "帕"即佛的音译，"展"即檀香木、月亮的音译。"帕展"可指檀香制成的佛像，但更多的是指月亮。

13 坦巴赏溶洞

坦巴赏溶洞位于他曲县东北方的纳康桑村，沿 12 号公路走，距县城约 15 千米。您可以乘坐村民的小船进入溶洞。坦巴赏溶洞是甘蒙省又一个有名的漂亮溶洞，于 2013 年正式对游客开放。"巴赏"是洞内发现的一种鱼类的名称。该溶洞内有小溪流过，洞口宽约 15 米，洞内有形态多样的钟乳石和石笋，您可以尽情观赏。

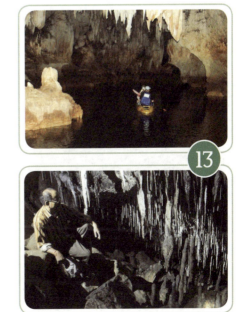

沙湾拿吉省

◎沙湾拿吉省地图

沙湾拿吉省旅游景区

01	盈亨佛塔	09	南绥水库
02	赛雅蓬大寺	10	老泰第二友谊大桥
03	恐龙化石博物馆	11	赛普通县石屋
04	传统博物馆	12	东登村甲鱼池
05	沙湾赛市场	13	拉哈南村棉布纺织中心
06	沙湾拿吉风光	14	东纳达自然保护区
07	旧藏经阁（琅盖湖）	15	瓦湖
08	帕塔蓬塔	16	车邦瀑布

沙湾拿吉省
简介

　　"黄金之地沙湾拿吉，古迹盈亨佛塔庄严神圣，上亿年的恐龙世界，优良传统代代传，四律咔夫喃调诞生地"，是沙湾拿吉省的旅游宣传口号。沙湾拿吉省是老挝面积最大的省份，总面积 200 多万公顷，人口约 100 万。沙湾拿吉省的历史可以追溯到吉篾统治时期，当时名为素万那蓬巴特城。1577 年，陶琅和娘辛率民众从北部南迁至此，取名为琅蓬孟辛村，距离现今的城区约 18 千米（往盈亨塔方向）。到了 1642 年，他们的儿子辛帕里带领几十户村民迁移到矿产丰富的地区自立门户，取名为塔黑村。1919 年帝国主义统治时期才将名称从"塔黑"改为"沙湾拿吉"，并沿用至今。沙湾拿吉省与泰国和越南接壤，下辖 15 个县，即：凯山·丰威汉县（M. Kaysone Phomvihane）、乌通蓬县（M. Outhoumphon）、阿萨蓬通县（M. Atsaphangthong）、孟频县（M. Phin）、车邦县（M. Xepon）、孟农县（M. Nong）、塔邦通县（M. Thapangthong）、松勘县（M. Songkhon，也译"宋康县"）、占潘县（M. Champhon）、春武里县（M. Xonbouli）、赛武里县（M. Xaibouli）、维拉武里县（M. Vilabouli）、阿萨蓬县（M. Atsaphon）、赛普通县（M. Xaiphouthong）和帕兰赛县（M. Phalanxai）。

01 盈亨佛塔

盈亨佛塔是存放佛陀脊椎骨的宝塔，大概于佛历 500 年由马禄甲纳空城的城主苏密达坦建造，作为纪念佛陀曾经来到这个黄金之地放生，并坐下来靠在白柳桉树上用斋的纪念馆（"盈亨"即靠在白柳桉树上之意）。盈亨佛塔是国家遗产和佛教徒的朝拜圣地。最初的时候该塔为四方形小塔，1548 年赛色塔提腊王带领人民进行了修缮，使它具有澜沧建筑艺术风格。目前，盈亨佛塔宽 9 米，高 24 米，塔尖呈莲花状。盈亨佛塔位于凯山·丰威汉县班塔

村，距城区 15 千米。每年老挝历法的 3 月 13、14、15 日将举办盈亨佛塔庆典，以进行朝拜祭祀和保护优良传统。

02 赛雅蓬大寺

赛雅蓬大寺位于沙湾拿吉省省会凯山·丰威汉县城中心的赛雅蓬村。赛雅蓬大寺是一座家喻户晓的古寺，于 1542 年与塔黑村（纳康村）同时期建造，20 世纪初进行了扩建。该寺的大门、僧舍、精舍、诵经阁和（寺院）界碑都装饰有美丽的花纹。赛雅蓬大寺还是一个举办宗教活动如老挝新年、高升节、龙舟节的场所，也是僧侣们学习的地方。

03

03 恐龙化石博物馆

　　恐龙化石博物馆是收集沙湾拿吉省内发现的生物学和地质科学方面化石的场所，这里有乌龟化石、贝类化石、石化木头、象牙化石和恐龙骨骼化石等。沙湾拿吉老百姓喜欢把恐龙称作"大蜥蜴"，这些化石已有超过 1.1 亿年的历史。大部分恐龙化石是在春武里县当淮村发现的，包括 4 个品种：蜥脚龙、牛角龙、禽龙、剑龙。博物馆位于沙湾拿吉省省会凯山·丰威汉县的塔蒙村，博物馆内的工作人员将向您详细解说古时候当地的各种恐龙。

04 传统博物馆

　　沙湾拿吉省传统博物馆或传统展览馆位于凯山·丰威汉县城中心的塔黑村，是了解沙湾拿吉省历史的知识库。其中收藏有救国革命时期的照片等战争遗留物和大炮、炸药、集束炸弹、地雷等武器装备。传统博物馆建于 1979 年，后来进行了全面改造并于 2011 年对外开放。

04

05 沙湾赛市场

沙湾赛市场是沙湾拿吉最大的市场，位于凯山·丰威汉县城中心。市场上销售国内外各种商品，包括从越南和泰国进口的食物，此外还有许多纪念品供游客购买当作伴手礼。

06 沙湾拿吉风光

沙湾拿吉是老挝经济、商务和旅游中心，设有沙湾—色诺经济特区。特区位于9号公路与13号（南）公路交会区域，连接湄公河的另一侧，横穿沙湾拿吉朝往越南方向，是东西经济走廊的连通中心。这里散发着简朴宁静的生活气息，保留着古代港口城市的独特之美，加上殖民统治时期的建筑物，使得到访的人们忍不住要去感受一下这个城市的灯火辉煌，看一看当地百姓的生活，以及主人那友善的笑容。如果有机会，推荐您到湄公河畔的餐馆尝一尝当地的美食，如湄公鱼汤、沙湾肉干、干粉肠、沙湾啤酒。一边品尝美食，一边观赏日落，金色的余晖洒在水波荡漾的湄公河上，熠熠生辉，清风徐徐吹来，疲惫荡然无存。相信沙湾拿吉的魅力会给您留下深刻的印象。

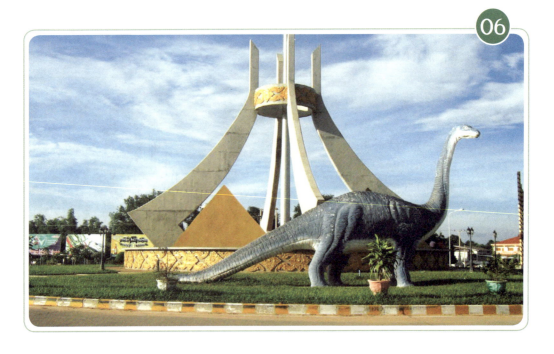

07 旧藏经阁（琅盏湖）

旧藏经阁位于占潘县琅盏湖村，距县城约 28 千米。占塔沙罗寺（村民们称作琅盏湖寺）内的藏经阁是一座彰显澜沧时期工匠精湛技艺的木制建筑。该藏经阁已有数百年历史，全木结构，没有使用一颗钉子。藏经阁由 20 根 6 米高的木柱支撑，建在琅盏湖的水中央，以防止白蚁和虫子啃食木头。该藏经阁是存放宗教教义、箴言、故事、诗歌和民间药方的梵夹的地方。

08 帕塔蓬塔

帕塔蓬塔位于赛普通县塔蓬村，距县城约 8 千米。帕塔蓬塔深受当地人崇敬，被视为神圣的塔。传说从前佛陀的弟子维萨利从腊楠城来到蓬象山上布道七晚，各路神灵、人类和鬼怪都前来听道。满七晚后，大师需要抽解（大便），溶洞中的龙王随之施法建成维扎吉谛（塔）供大师抽解，这便是帕塔蓬塔的由来。

09 南绥水库

　　南绥水库位于占潘县龙应村，距县城约 55 千米。沿 13 号（南）公路在拉三十五村左转往占潘县方向，然后有指示牌提示左转到纳库村，随即可抵达南绥水库。南绥水库为农业生产水库，水面辽阔，适合周末休闲放松，国内游客喜欢携家人去休息、玩水、乘竹筏，欣赏水库风光。水库边有多家餐馆。您还可以从南绥水库再走 6 千米前往班东蒙自然保护区赏猴。

10 老泰第二友谊大桥

　　老泰第二友谊大桥是连接老挝沙湾拿吉省和泰国穆达汉府的跨湄公河大桥，于 2007 年 1 月正式开通，极大地便利了两国之间的贸易和旅游。老泰第二友谊大桥位于凯山·丰威汉县纳格村，在城区以北约 5 千米处，桥长 1600 米、宽 12 米，总造价约 7000 万美元，得到日本政府的低息贷款援助。

11 赛普通县石屋

石屋位于赛普通县石屋村，距县城约10千米，是557年西库达蓬王国时期，由昂卡腊和翁玛腊两兄弟带领建设的。建筑石屋所用石材都是用凿子凿取的，最大的一处取材地在石屋建筑以西约1千米。该区域被人们称作"船宫"，因为凿取大量石头后使得这里的岩面下凹，形似一艘船。此外，在该区域还发现了许多散落的大大小小的石块。

12 东登村甲鱼池

甲鱼池位于占潘县东登村，距县城约14千米。甲鱼池景色优美，宽300米，内有多种水生动物，大小甲鱼多达四五百只。最大的甲鱼背甲像簸箕一样大，重50多千克。甲鱼池被看作是一个神圣的地方，因为以前人们认为甲鱼是能辟邪的吉祥动物，没有谁敢去触碰或猎杀。因此，池中的甲鱼越来越多，并成了旅游景点，每天都有人前来观赏并投喂食物。用普泰族的话喊"我的老牛啊，上来一起吃饭啦"，二三分钟就能看到甲鱼上来。

13 拉哈南村棉布纺织中心

　　拉哈南村是一个普泰族村寨，以普泰族民间棉布纺织而闻名，这里每家每户都有织杼机，人人都会织布。如果您来到村里，还可以看到采用传统方法和天然原料（如树皮和树叶）的染布工艺。该村的产品大部分送往沙湾拿吉城和万象市销售，您也可以直接在村里向村民购买。前往拉哈南村，可从沙湾拿吉城出发，沿 13 号（南）公路行驶约 70 千米后在巴松村左转，继续行驶约 5 千米后在路口左转，再往前 4 千米便可以看到位于道路右侧的拉哈南村。

14 东纳达自然保护区

　　东纳达自然保护区于 1960 年经审批设立为沙湾拿吉省级自然保护区，总面积8300 公顷。区内生物多样性丰富，野生动物种类繁多，还有常年水量充盈的天然湖泊。传说曾经有一对名为陶达和娘东的夫妻在此生活多年，儿孙满堂。他们去世后，子女们便直接将他们埋葬在这片森林中，因而得名"东纳达"。东纳达自然保护区位于凯山·丰威汉县班塔村，距省城约 15 千米。

15 瓦湖

瓦湖位于凯山·丰威汉县班娲村，距省城仅 3 千米。以前瓦湖是防水堰，作为水利设施用来蓄水。瓦湖建于 1976 年，2006 年进行了扩建。瓦湖长约 1000 米，总面积约 100 公顷，湖周边有各种餐馆为前来休闲放松的游客服务。走在湖边，凉风徐徐，清新宜人。

16 车邦瀑布

车邦瀑布区域共有 3 个瀑布，位于 9 号公路旁，在车邦城区以西约 22 千米处。最高的瀑布是高达 80 米的沙伦瀑布，另两个分别是沙迪瀑布和沙廓瀑布。这 3 个瀑布各有特色，适合携家人和朋友在周末前来休闲玩水。

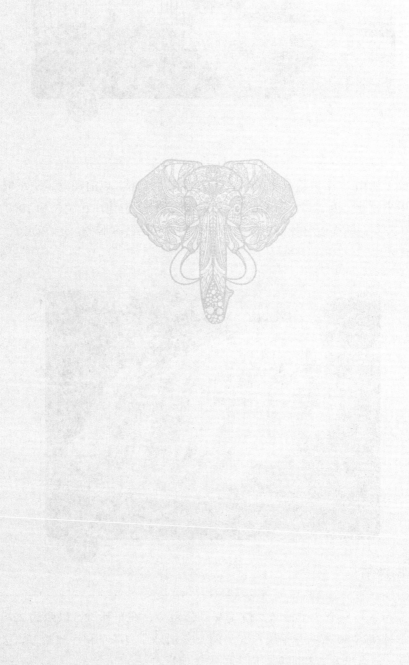

占巴塞省

◎占巴塞省地图

占巴塞省旅游景区

01	瓦普寺	12	占比瀑布
02	巴色风采	13	西努咖啡园
03	瓦銮寺	14	萨派村纺织工艺
04	萨劳山	15	东德岛
05	东阔村	16	东阔岛
06	孔帕平瀑布	17	东登岛
07	宋帕米瀑布（里皮瀑布）	18	东科岛
08	帕爽瀑布	19	揭勇阿萨山寺
09	伊杜瀑布	20	色边国家级自然保护区
10	伊昂瀑布	21	东华邵国家级自然保护区
11	达凡瀑布	22	嘎么瀑布

　　"独特瓦普寺，巴色玫瑰花，巴松的咖啡，跳峡孔帕平，四千美岛声名远播"，是占巴塞省的旅游宣传口号。占巴塞省自然资源丰富，著名旅游景区众多，这里有古老的瓦普寺，名扬四海的四千美岛，美丽凉爽的巴松咖啡园，以及数不胜数的其他景点，可以说是游客们的天堂。无论国内还是国外游客，都想来占巴塞省一游。占巴塞省位于老挝的最南端，占地面积 15415 平方千米，南边与柬埔寨接壤，西边与泰国交界。占巴塞省共辖 10 个县，即：巴色县（M. Pakxe）、萨那宋本县（M. Sanasomboun）、巴江扎伦苏县（M. bachiangchaleunsouk）、巴松县（M. Pakxong）、巴通蓬县（M. pathoumphon）、蓬通县（M. Phonthong，也译"丰通县"）、占巴塞县（M. Champasak）、苏库马县（M. Soukhouma）、孔县（M. khong）和蒙拉巴莫县（M. Mounlapamok），是一个多民族省份，总人口约 70 万。占巴塞省是著名的西潘敦咔夫曲调的发源地。另一个使得该省声名大振的便是各种各样香甜可口的特色美食，您需要花好几天的时间才能吃个遍，最棒的要数用湄公河里出产的新鲜鱼类加工而成的各种美味。

01

占巴塞省
旅游景区

01 瓦普寺

　　瓦普寺石宫殿反映了古代文化的辉煌，是一处十分壮丽又令人神奇的旅游胜地，被联合国教科文组织列为世界文化遗产。瓦普寺距离巴色县城约 40 千米，是重要的宗教圣地，属于 7—12 世纪吴哥王朝❶之前的建筑。瓦普寺石宫殿是占巴塞平原的文化中心，其中又以普告山峰为中心区。瓦普寺石宫殿占地 400 公顷，在该区域范围内有寺庙、蓄水库（古代湖泊）、排水渠、磨石场和通往吴哥窟的古道，以及一座高棉王国早期城邦的遗迹，名为色塔布拉城。除此之外，瓦普寺南端还有一处社区群落，包括娘西达殿、陶刀殿以及湄公河岸东边的护摩桌寺。在每年 3 月的望日（老挝历法），来自四面八方的人们在这里举行瓦普寺朝圣节，朝圣膜拜瓦普寺。

❶ 吴哥王朝建于公元 802 年，终于 1431 年。原文时间有误。

02 巴色风采

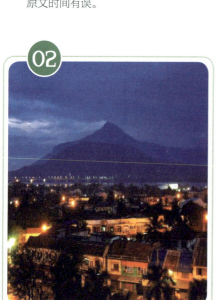

02

　　巴色县是占巴塞省面积最大的县，也是省会城市，该县沿着湄公河畔和源自沙拉湾省的色敦河而建，两条河流汇合的地方称为索色河口。如今的巴色县经济发展迅速，并因邻近泰、柬、越三国而成为该地区的商贸中心。巴色县著名的旅游景区就是占巴塞国王昭本弘·纳占巴塞的规模宏大的旧王宫（即现在的占巴塞大酒店）。而最受巴色当地人欢迎的地方，要数巴色城边的湄公河畔了，每天傍晚都有人来到这里，一边坐着欣赏落日的余晖，一边享受着湄公河边的美食。

03 瓦銮寺

瓦銮寺坐落于巴色县城中心的塔沙拉康村，在色敦河边上，挨着旧桥。该寺建于1935年。瓦銮寺是一座神圣的庙宇，与巴色城相依相伴，这里存放着占巴塞王国多位国王及王室成员的遗骨。瓦銮寺较为特别的地方是，寺院内的门板和窗户上雕刻着精美的木纹雕花。紧挨着寺院的是作为图书馆和教师办公室的古老建筑，建筑后面是依色敦河而建的2层木制房屋，是一座佛教学校（僧侣学院）。

04 萨劳山

萨劳山位于蓬通县坎音村，距离县城约5千米。这座山的名字与"巴江和龙妹"的故事有关。两个人的爱情和一般的少男少女无异，他们约定由巴江哥去向龙妹的父母提亲，但后来龙妹变了心，全心全意爱上了占巴塞大哥。对爱情忠贞不渝的巴江哥信守诺言，带着聘礼去提亲，却听到龙妹跟着占巴塞大哥跑了的消息，他伤心欲绝，然后把作为聘礼的金银财物全部丢弃，就变成了如今的萨劳山、饨鸡山、巴江山、龙妹山和占巴塞山。除了饶有趣味的历史外，萨劳山还拥有多姿多彩的自然风光、郁郁葱葱的林木，以及前朝古文物和宗教遗迹。

05 东阔村

东阔村是一个坐落于湄公河洲渚中央的小村寨，已有400多年的历史，在萨那宋本县萨帕村的对面，距离巴色县城约17千米。村寨里的人最早是从阿速坡省搬迁而来的。在这里，您将体验到原始古老的生活方式及风俗习惯，感受村民们热情接待的氛围，您可以在村民家里住宿。除此之外，您还能感受到当地的凉爽与静谧，观看村民们捕鱼，在这个小小的洲渚中央欣赏夕阳西下的美景，好似人间天堂。

06

06 孔帕平瀑布

　　孔帕平瀑布是老挝南部与湄公河平行的绵延铁山山脉里的众多瀑布之一，位于长达 15 千米的四千美岛区域范围内，素有"湄公河珍珠"的美誉。孔帕平瀑布是东南亚最大的瀑布，到了每年的雨季，孔帕平瀑布水位上涨，水流湍急，蜿蜒而凶险。孔帕平瀑布遍布着巨大的石块，附近渔民们在这里捕鱼的情景，是一幅引人入胜的画卷。孔帕平瀑布位于塔库村，距离孔县县城约 148 千米。这里各种服务设施齐全，有停车场、卫生间、观景台、纪念品售卖店，以及很多加工各类鲜鱼的餐馆。

07

07 宋帕米瀑布（里皮瀑布）

　　这里因为是濒临灭绝动物小虎鲸（江豚）的栖息地而闻名，如果运气好，您会看到小虎鲸在水面上嬉戏游耍。宋帕米瀑布位于孔岱村，在孔县以西约 152 千米，离老铁路约 700 米。该瀑布的名气仅次于孔帕平瀑布，常年风景秀丽。"宋帕米"名字源自巴萨满菩萨的传说，他在这个瀑布上建造了东孔寺，然后从那空通城（现今泰国的那空帕侬）恭请一尊神圣的佛像安放于此，但运送佛像的船到码头刚要停靠时，却破开了，导致佛像落入水底，于是就有了"宋帕米"之名，意为"消失的佛像"。至于"里皮"，是指里皮滩，泛指从孔帕平瀑布直到连接柬埔寨边境线的河中所有的瀑布和河道，是绵长的铁山山脉拦截老挝南部河流而形成的，总长 15—20 千米。

08 帕爽瀑布

帕爽瀑布位于巴江扎伦苏县，由并排而立的高5—7米的石崖构成，水流从石崖上倾泻而下。瀑布的水来自占比河，其源头在巴松县的神仙山。整个瀑布区域人们称之为"爽门"，"爽"是指专门为女儿或儿子而隔断的卧室。因

此，帕爽瀑布的意思就是，像专为女儿或儿子而隔断的卧室那样高的柱石瀑布。

09 伊杜瀑布

占巴塞省因众多的美丽瀑布而闻名，其中就包括位于巴松县东伊松村的伊杜瀑布。伊杜瀑布绿林环抱，郁郁葱葱，是一个适合休闲放松的好地方，人们可以在瀑布下尽情戏水。

10 伊昂瀑布

伊昂瀑布很美，有约50米高，发源于崩良河，位于巴松县拉四十村（村寨名）辖区内，在巴松县城西南约10千米处。伊昂瀑布名称的由来，与老挝创世始祖布热的传说有关。传说布热曾经在这里居住，一天，他遇到一对正在这

里觅食的羚羊夫妇，因此人们就称这里为羚羊瀑布（"伊昂"为老挝语音译，是羚羊的意思）。在伊昂瀑布的两侧是陡峭的悬崖，生长有糯米竹、芭蕉林和一些大树。瀑布下方还有一个9平方米的小洞穴，是羚羊栖息的地方。

11 达凡瀑布

达凡瀑布的名称与动物有关（"凡"是麂子的老挝语音译），位于巴松县第三村集拉三十八村，在县城以东约 12 千米。达凡瀑布极其壮观，是成名已久的旅游景区。瀑布周围有一块占地 3250 平方米的平地，有一座木制的亭子。到了每年的 3月，当地村民就会遵照古老的信仰在这里举行祭祀神灵之物的仪式。达凡瀑布是一个高约 120 米的陡峭瀑布，有两条瀑布（崩良河和会吉河）一起奔腾而下。瀑布的另外一边是当地老百姓的咖啡园和砂仁园。

12 占比瀑布

占比瀑布位于巴松县，是一个美丽的瀑布，沿瀑布两边散布着层叠交错的大石块。此外，瀑布区域还有一个神圣的山洞，洞里有村民们尊崇供奉的佛像。流到瀑布里的水发源于占比河，这也是占比瀑布名称的由来。

13 西努咖啡园

西努咖啡园坐落于辽阔的波罗芬高原之上，这个高原因农业生产而闻名，而最为出名的是在高原山坡上种植的咖啡。西努咖啡园是众多著名咖啡园之一，有着装饰漂亮的园林，还有让您坐下休息放松的咖啡馆。您可以在清凉的室内一边品尝着热腾腾的咖啡，一边欣赏美丽的自然风光。除此之外，这里还有沿着清澈小溪而建的屋子供您留宿和享受日光浴。

14 萨派村纺织工艺

萨派村隶属于萨那宋本县，距县城约 18 千米，是占巴塞省重要的织布工艺中心。这个村子里的大部分村民以生产和出口纺织品为业，每天都会有商家上门收购，以便拿到巴色县和万象市售卖，甚至出口到国外。如果您想观赏或者直接向村民们购买他们亲手制作的手工艺品，可以随时与萨派村联系，尤其是苏玛丽大娘家，她是村子里最大的生产团队的一员。

15 东德岛

在近 5—10 年里，东德岛逐渐成为备受欢迎，尤其是受外国年轻旅客欢迎的旅行胜地。此前，东德岛上没有通电，原生态的生活环境保留得很好，因此深受那些喜欢冒险和亲近大自然的游客的欢迎。有些游客会在东德岛待上两到三天，而有的则在岛上居住一个星期甚至更久，就是因为醉心于宁静祥和的自然风光。如今，东德岛正在开发旅游便利设施。

16 东阔岛

东阔岛是另一个深受喜欢冒险和亲近大自然的游客欢迎的景区。游客可以入住东阔岛的独立小平房（星空房），让时光慢慢地划过，彻底放松心灵，完全陶醉在东阔岛原生态的自然风光之中。

17 东登岛

东登岛开展有许多活动，包括户外露营、徒步、骑自行车、坐船环岛游等。除此之外，东登岛还有一大片沙滩，人们不仅可以玩沙滩体育项目，也可以躺着晒晒太阳，下水嬉戏，休憩放松，领略岛上原生态的秀丽自然风光。

18 东科岛

东科岛村位于湄公河畔。湄公河，是当地人赖以生存的血脉之河。东科岛或曰东科岛村，距离巴色县城大约 10 千米。这个村的人除了以捕鱼为业外，还有石雕工艺的传承，尤其是雕刻佛像。现在东科岛成了受游客关注的村寨。在这里，除了欣赏湄公河上的风光，还可以观赏村民制作石雕，去东科岛的寺庙里参拜曼维赛大佛。如果您想体验东科岛的生活方式，还可以到村民家中住宿。

19 揭勇阿萨山寺

　　阿萨山寺位于揭勇村，距离巴通蓬县城约 50 千米，是一处具有重要历史价值的古迹。有关阿萨山寺的历史传说提到，一个名叫陶萨的年轻人出家当了和尚，并到暹罗（泰国）学习佛法，学成后返回故乡揭勇村并带回来一块放大镜。他把放大镜放在干树枝上，树枝就燃烧起来，这令当地老百姓十分惊讶，以为这位僧人是个神能之人，对他产生了虔诚之心而膜拜，而僧人陶萨也把百姓对自己的虔诚之心用在正道上，率领人民奋起反抗占巴塞封建统治者的压迫。至于这座小山上散布着的石柱（用石头建造而成的柱子）还是个未解之谜，需要您亲自去感受和发掘。这里还提供乘象观景服务。

20 色边国家级自然保护区

　　色边国家级自然保护区占地面积 2400 平方千米，几乎覆盖整个巴通蓬县，保护区在生物多样性方面尤为突出，是最重要的国家级自然保护区之一。区内有包括苍鹭、鹳等 51 种珍稀鸟类和 36 种珍稀野生动物，体现了老挝自然资源的丰富多样。

21 东华邵国家级自然保护区

东华邵国家级自然保护区是老挝 20 个国家级自然保护区之一,占地面积 1100 平方千米,覆盖即巴江、巴松和巴通蓬三县。保护区有一半的林区是陡峭的山,最高处平均气温在 0℃以下。保护区的另一半是高原,它涵盖了波罗芬高原的一部分。东华邵国家级自然保护区自然资源丰富,拥有多种珍稀动植物,如白臀野牛、鹿、赤麂、野猪、水獭,以及多种爬行动物和鸟类。

21

22

22 嘎么瀑布

在巴松县的冒险之旅中,嘎么瀑布是以 "T-top"(顶级旅游)之名被大家所知晓的景区。嘎么瀑布距离巴松县城约 10 千米,是一个险峻陡峭的瀑布,分为多级,藏身于东华邵国家级自然保护区之中。游客须乘吊索从最上一层到达最底层跨越瀑布观赏景色,共有 8 条线路。结束上述项目后,您可以在瀑布下面的树屋里喝咖啡,在美丽的天然树林里放松身心。这里还是嘎么瀑布和色阿瀑布两支水流的汇合处。对于来到这里的游客,一项必不可少的活动是从宿营地徒步到达色阿瀑布,这会令人有远离尘嚣的惬意。色阿瀑布是另一处美丽的瀑布,高约 40 米,旅客可步行穿越瀑布。

沙拉湾省

◎沙拉湾省地图

沙拉湾省旅游景区

01	翁乔纪念碑—芦笙公园	08	尖庄—碑柱状石柱群
02	达洛—达航瀑布	09	达森瀑布
03	特瓦达神仙瀑布	10	糯米竹瀑布
04	达松瀑布（瑟赛瀑布）	11	老那度村佛足遗迹
05	瓦岗寺	12	班塔村 4000 坑
06	苏发努冯桥	13	那崩烤鸡
07	会诨村织布工艺	14	更谷瀑布

　　"那赛的椰子，那崩的烤鸡，孟倥的白酒，沙拉湾的南旺舞"，是自然资源富饶
的沙拉湾省的旅游宣传口号。从前人们曾说，"沙拉湾人卖大象来换火把"。沙拉湾
省位于老挝南部，有一部分土地属于富饶的波罗芬高原。该省东部与越南接壤，西
部与泰国为邻，由于生长着许多暹罗白柳桉（老挝语又称"沙拉"），因此得名沙拉
湾，意思是暹罗白柳桉生长之地。沙拉湾省辖 8 个县，即：沙拉湾县（M. Salavan）、
拉空平县（M. Lakhonpheng）、瓦比县（M. Vapi）、劳安县（M. Lao-Ngam）、敦兰
县（M. Toumlan）、达会县（M. Ta-Oy）、孔塞敦县（M. Khongxedon）和萨嵋县（M.
Samouay），居住着 14 个民族，人口约 30 万。沙拉湾省有许多风俗习惯，通过唱作
喃曲（南旺舞）体现出来，如全国闻名的沙拉湾喃，此外还有孔塞敦喃、普泰喃、达
里孟喃、嘎乐喃，等等。沙拉湾省的美食也久负盛名，特别是那崩烤鸡，味道极佳，
无论是谁经过这里都免不了要去买一些带回去。

沙拉湾省
旅游景区

01 翁乔纪念碑—芦笙公园

　　翁乔纪念碑是纪念老挝民族英雄翁乔丰功伟绩的地方。翁乔带领老挝人民奋起英勇抗击法帝国主义者，谱写了可歌可泣的英雄事迹。他出生于塞公省塔登县加嘎村，1910 年 11 月 12 日逝世。翁乔纪念碑高 8.60 米，有 5 米高的翁乔雕像及 3.6 米高的底座。

01

02 达洛—达航瀑布

　　达洛—达航瀑布位于沙拉湾县仙旺村，距县城约 31 千米，被发现于 1985 年，1990 年正式对外开放。"达洛"一词来源于当地民族语言，"洛"意指男性生殖器官。传说有两姐妹打赌，挑衅让一位老人跳下这个瀑布，如果老人敢跳，姐妹俩就做他的妻子。那位老人脱光衣服，然后便跳下瀑布。过了许久，姐妹俩都以为老人死了，但老人运气好，从水里安全地浮出头来。姐妹俩不得不履行约定，做了这个勇敢老人的妻子。

02

03 特瓦达神仙瀑布

特瓦达神仙瀑布位于沙拉湾县航姆诺村，距20号公路约19千米，距省会约35千米。特瓦达神仙瀑布发源于南会腮河，旧称"达累瀑布"。传说有佛像立于瀑布下方的洞中，到了每年的5月，附近村民举办节日并相约到此浴佛。此外，瀑布前方区域还有长得像印度教中婆罗贺摩（梵天）的石柱，过去有2块，但由于战争时期被炸毁，现在只剩下1块了。特瓦达神仙瀑布被发现于2007年，2009年作为旅游景点正式对外开放。

04 达松瀑布（瑟赛瀑布）

达松瀑布或人们所熟知的"瑟赛瀑布"，位于沙拉湾县康达松村，距省会约33千米。达松瀑布起源于瑟赛河，高约70米。康达松村和达松瀑布有着同样悠久的历史，从前有鄂族首领来到这里定居下来，之后就决定给瀑布和这个村子都取名为达松❶。达松瀑布2004年起正式开放为旅游景区。

❶ "达松"系音译，意为"高的瀑布，高的急滩"。

05 瓦岗寺

　　藏经阁瓦岗寺位于沙拉湾县城的瓦岗村，自古以来就是佛教经典的藏经之地，是珍贵的文化遗产。瓦岗寺反映了古代画师们精湛的手艺，该藏经阁建于1857年，有54根柱子，主要建筑材料为木头和泥土，如香灰莉木、坡垒木、花梨木等，上有通过凿子打孔和钉补骨脂制作而成的老挝古式花纹图样。遗憾的是，该藏经阁被美军D-28机群射击后几乎损坏殆尽，后来在上级部门和老百姓的共同努力下，才得以修缮并恢复了原貌。

06 苏发努冯桥

　　苏发努冯桥也叫"班丹桥"，位于沙拉湾县班丹村，距省会约25千米，1942年由老挝第一位路桥工程师苏发努冯亲王设计并亲自带领建造。苏发努冯桥跨越色敦河，位于沙拉湾县去往沙拉湾省敦兰县及沙湾拿吉省孟农县的23号公路上。1968年第二次印度支那战争期间，这座桥被入侵的帝国主义B-52飞机炸毁，如今只剩下了桥梁的残躯和一部分战争残余物。您可以到此了解救国斗争期间的老挝历史。

07 会诨村织布工艺

嘎都族织布工艺中心位于劳安县会诨村，该村距劳安县城约 10 千米，村民是 18 世纪 70 年代从东方省（今塞公省）巴鲁村迁移过来的。村民大部分是嘎都族，有自己的语言和独特的服饰，信仰鬼神（祖先）。令人奇怪的是，这个民族家家户户的屋子里都放有棺材。村里最吸引游客的是嘎都族自己生产的纺织产品。这个民族自古就传承着纺织缫丝的工艺，布匹花纹富于创造力，美观而又与众不同，令来到这里的游客忍不住要买一些带回去。

08 尖庄—碑柱状石柱群

神秘的尖庄—碑柱状石柱群，位于劳安县坡肯村会赛河口，距县城约 27 千米。这个石柱群的石块被人为削成六至八边形，切面宽 60—100 厘米，长 3—8 米，每个石柱都不相同。石柱如木头般分散堆在河边，像是水边的木堆，有的柱子深埋地里仅露出一端来，有的柱子则没在水中，有的石柱距离该区域有 20—50 米远。直到如今这个石柱群还是个谜，没有人知道它们到底来自哪里，放在这里做什么用，是怎么来到这里的，每根石柱都又大又沉，令人感到惊奇。

09 达森瀑布

　　达森瀑布发源于会达崩河，位于劳安县那本村，距 20 号公路约 8 千米，距县城约 12 千米。据传说，从前有一个男子名叫陶森，村民们叫他"亚森"，"亚"在鄂族语言中是族长或长辈老者的意思。亚森是个懂法术的人，有一年，村里很多人无缘无故死去，人们猜测可能是因为亚森，说他是琵琶鬼，把亚森包围起来，抓到村尾的一个瀑布斩首了，这就是今天达森瀑布名字的来由。

10 糯米竹瀑布

　　糯米竹瀑布位于沙拉湾县坡肯村，距县城约 25 千米。以前这个瀑布叫达拉瀑布，而在这个瀑布的上方有个小达拉瀑布，因为有一个拉锣放在那里。后来人们把这个拉锣搬走了，因为每到斋日如果有拉锣声响起，附近就会有人死去。因此，村民们就请僧人来把拉锣取走放到别的地方去(无人知晓是哪里)，才让这个村子有了安宁。1975 年全国解放后，这里建立了 8·23 农场 (注：8 月 23 日为老挝夺取政权日)。由于瑟赛河边有很多糯米竹，人们于是把这个瀑布称作糯米竹瀑布。

11　老那度村佛足遗迹

老那度村佛足遗迹位于拉空平县那度村，距县城约 8 千米。1384 年，有猎人在塔坎松沙村村民潘平阿爸的带领下来到这里打猎，看到了岩石面上的佛足印。此后，这一带的人们就纷纷前来祭拜和保护，因为他们相信这是佛陀生前留下的足印。在那之后，潘平阿爸就带领乡亲们一起保护和修缮。每年老挝历法的 3 月 10—15 日会举行佛足祭拜活动，拉空平县县长会前来主持活动。活动联欢持续五天五夜，进行斋僧 108 人、蜂蜡宝塔游行、商品展销、地方文艺表演及老式拳击比赛等。

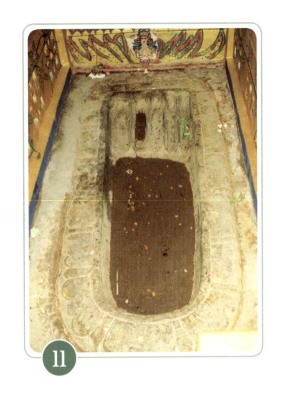

12　班塔村 4000 坑

班塔村 4000 坑是沙拉湾省的又一个旅游景区，位于拉空平县班塔村，距县城约 25 千米。班塔村 4000 坑外观独特，关于这些坑的来历众说纷纭，没有一个确切的答案。如今这个景区由拉空平县新闻文化和旅游局协同班塔村委会共同管理。

13 那崩烤鸡

"那崩烤鸡，孟佟白酒的下酒菜，喝醉了转转又兜兜，邀请姑娘跳沙拉湾南旺舞，姑娘说别见外呀别扭捏，踏着沙拉湾的节奏，哥哥要一起一落放轻松……"是一首著名歌曲的歌词，它让许多人认识了那崩村。那崩烤鸡是又一种要向游客推介的老挝美食，因为名气大又很美味，举国上下无人不知。那崩村位于13号（南）公路沿线，属沙拉湾省孔塞敦县管辖，当您乘客车或自驾到老挝南部时，别忘了买那崩烤鸡尝一尝，您将会被这独一无二的老挝地道美味所吸引。

14 更谷瀑布

更谷瀑布位于瓦比县巴萨村，距县城约8千米。传说，从前有一户贫苦人家谷爷爷家来到富饶的色敦河边定居。谷爷爷和家人靠着每天在这里的险滩上捕鱼为生。有一天，谷爷爷自然而然地下到险滩里捕鱼，他看到了水里的鱼，但不幸的是，他不小心脚下一滑就跌落进急流中，命丧于此。很多年过去了，出于对谷爷爷的尊敬，村民们称这处险滩，也就是这里的瀑布为"更谷滩"或"更谷瀑布"。

塞公省

◎塞公省地图

塞公省旅游景区

01	城柱公园	07	香仁瀑布
02	达菲瀑布	08	法麦瀑布
03	达通瀑布	09	翁乔山洞
04	巴欧瀑布	10	达良族村寨
05	色嘎当多瀑布	11	阿拉族村寨
06	新甘敦村		

　　"独特的娘劳山，闪闪的田野使人欣喜，游旺艾潭喝坛子酒，令人想念的达津县，达菲瀑布下的溪流，美得让人感到惊讶。别忘了去讨一支香烟，这里的人们团结一致，让我们一起来了解各民族的风俗习惯"，是塞公省的旅游宣传口号。塞公省（也译"色贡省"）是一个小省份，但民族众多，风俗习惯多样，人口约 10 万人，以嘎都族居多。塞公省位于老挝南部，距离万象市大约 815 千米，东部与越南接壤。全省总面积 7600 多平方千米，辖 4 个县，即：拉曼县（M. lamam）、嘎仑县（M. Kalum）、塔登县（M. Thateng）和达津县（M. Dakchung）。塞公省曾经是沙拉湾省的一部分，1983 年分离出来成为独立的省份。

塞公省
旅游景区

01 城柱公园

城柱公园于 2011 年建成，庄严地屹立在塞公省城的中心地区，用以铭记各个民族的丰功伟绩与团结一心。城柱公园分为 3 段，饰以各种玉石珠宝，以体现该省的富饶。城柱高 990 厘米，柱子顶部有一个圆球，象征着太阳普照四面八方。而手持大刀的人像，表现出了塞公省当地各族人民的生活方式。

02 达菲瀑布

达菲瀑布位于塞公省拉曼县班丹村，距离省城约 18 千米，距 16 号公路约 2 千米。以前瀑布的上方和瀑布下的小渚上长满了香蒲草，这便是瀑布名称的由来（"达菲"为老挝语音译，意为"香蒲草瀑布"）。1968 年，这一带发生了严重的洪涝灾害，香蒲草消失殆尽。达菲瀑布高 10—15 米，宽 250 米，周围绿树成荫，空气清新，溪水四季长流。达菲瀑布被发现于 1999 年，2008 年起正式对外开放。

03 达通瀑布

达通瀑布位于拉曼县班莫村，距离县城仅 3 千米，2008 年起正式对外开放。达通瀑布高约 20 米，宽约 15 米，与塞公河沿岸的自然风光镶嵌在一起，和谐地融为一体。目前，当地已加大了对达通瀑布的开发力度，增加了旅游便利设施如宾馆和餐厅等。

04 巴欧瀑布

巴欧瀑布是发源于会南腮河的瀑布，位于塔登县森岱村，在县城以东大约 16 千米处，进出道路便捷，2008 年起正式对外开放。在瀑布的上方和下方遍布着芦竹，当地村民称之为"芦竹瀑布"（"巴欧"即为芦竹的老挝语音译）。该瀑布宽约 25 米，高约 50 米，现已成为旅游专门保护区。

05 色嘎当多瀑布

色嘎当多瀑布是一个没有多少人知道但却非常漂亮的瀑布，是波罗芬高原上的第二高瀑布，高约 120 米。瀑布被青葱茂密的森林所环抱，源自波罗芬高原深山老林的色嘎当河到了这里就像突然跌落一般，这就是色嘎当多瀑布名称的由来。

06 新甘敦村

新甘敦村是研究嘎都族生活方式的文化旅游景区，该村是从嘎仑县搬迁至塔登县的村庄，在塔登县城以南约 17 千米处，距离省城约 32 千米。每年的 3 月 5 日，甘东敦村民将举办民俗节日庆祝丰收。庆典上，会有民间艺术表演和民族纺织—编织品展销。游客还可以参观嘎都族原始古老的棺椁和位于村中央的凉亭，整个过程会有村民充当向导。村子里还有杀牛迎客的传统仪式，以招待前来参加节日庆典的客人。

06

07

07 香仁瀑布

香仁瀑布位于塔登县甘敦村，距离省城约 38 千米，距离塔登县城约 20 千米。传说，以前香仁瀑布称为色敦瀑布，有一位从玉腾村来的已经还俗的小和尚香仁来色敦瀑布上方采收芒果，结果出了意外，从芒果树上掉下来摔死了，后来为了纪念他，改名为香仁瀑布，这就是香仁瀑布名称的由来。

08 法麦瀑布

法麦瀑布是会拉温河上的一条瀑布，位于塔登县巴棱南村，在塔登县城以北约8千米处。据说，从前有一对青年男女来到这里玩耍，衣服都湿透了，于是便生起火来烘烤衣服。突然一阵狂风袭来，把两个人的衣服都刮到火堆里烧了，这就是法麦瀑布名称的由来（"法麦"是老挝语音译，有着火、失火之意）。该瀑布高约100米，宽20米，2008年起正式对外开放。

08

09

09 翁乔山洞

翁乔山洞距拉曼县城约40千米，是一个有着重要历史意义的山洞。在抗击美帝国主义斗争时期，山洞是老挝伊沙拉阵线的根据地，也是省政府机关驻地，是当时多名革命领导人的藏身之所。翁乔山洞和嘎仑县的扎甘山洞相连。此外，解放前翁乔山洞还曾被用作军备弹药库。

10 达良族村寨

达良族村寨位于达津县达曼村，距离省城 108 千米，距离达津县城约 8 千米。达良族的房屋保留着本民族原始古老的样式，全部使用纯天然材料建造而成。建房时，所有村民都来帮忙，共同把房子建好。每年，村民们一起举办年度庆典，庆祝农作物丰收。庆典上村民会穿着独特的服装进行民间艺术表演，还会有纺织—编织品展，同时还有杀牛待客的传统，以招待前来拜访的客人。

11 阿拉族村寨

阿拉族村寨位于拉曼县嘎桑岗村，距离县城约 24 千米，在前往越南边境的 16 号公路旁。阿拉族的房屋用坚硬木头建成，屋顶也盖以硬木，屋面雕刻具有本民族特色的花纹图案。阿拉族有着独特的生活方式、民族文化和风俗习惯，每年都会举办年度节庆活动。活动中有民间艺术表演、纺织—编织品展，同时还举行杀牛待客仪式，招待前来拜访的客人。

阿速坡省

◎阿速坡省地图

阿速坡省旅游景区

01	侬法湖	07	木化石
02	通盖欧湖	08	萨科寺
03	华坤瀑布	09	塔欣村制陶工艺
04	达色帕瀑布	10	达良族织布工艺
05	赛色塔提腊国王塔寺	11	巴劳族村寨
06	导弹		

　　"河流清澈，山林葱郁，游侬法湖，览桑赛帕香山，朝拜翁仙佛，在团结的土地上休憩"，是物产丰富的阿速坡省的旅游宣传口号。俗话说"阿速坡呀喜洋洋，卖了黄金来换鸡"，说的就是阿速坡这片土地的繁荣富饶。阿速坡省位于老挝南部，总面积 10000 余平方千米，共辖 5 个县，即：赛色塔县（M. Xaisettha）、沙玛奇赛县（M. Samakkhixai）、萨南赛县（M. Sanamxai）、桑赛县（M. Sanxai）和普冯县（M. Phouvong），有约 20 万各族人民居住在这里。阿速坡省历史悠久，是老挝著名国王赛色塔提腊王 1572 年仙逝驾崩之地。阿速坡省是老越柬三边经济开发区的一部分，重视推进贸易和旅游业的发展。阿速坡省最著名的旅游景点要数神奇美丽的侬法湖。

阿速坡省
旅游景区

01 侬法湖

　　侬法湖是老挝最具魅力的旅游景区之一，是一个位于高山之巅的大湖泊。湖水呈祖母绿色，有如海水一般清澈，令人不得不惊叹于它的秀美与神奇。1930 年，侬法湖被法国地质学家首次发现。侬法湖位于桑赛县旺达村，在阿速坡省城以东约 178 千米处，2004 年正式作为旅游景区对外开放。侬法湖在昂滂国家级自然保护区的普锦山山头靠近老越边境的区域，湖面约 1 平方千米，海拔 1200—1500 米，其水流入色嘎曼河。侬法湖的由来还是个未解之谜，存在截然不同的猜测：有研究人员认为是几百万年前火山爆发而形成的，另外一些专家则认为它是由于流星陨落撞击造成的。

02 通盖欧湖

　　通盖欧湖位于桑赛县旺达村，在省城以东约 193 千米处。通盖欧湖及其平原区域属于平坦低矮草原地带，这里绿意盎然、一望无垠。通盖欧湖及其平原的由来尚不清楚，使这里显得神秘莫测。1998 年对通盖欧湖进行了勘查，2005 年作为旅游景区正式对外开放。

03 华坤瀑布

华坤瀑布位于沙玛奇赛县孟华坤村，距离省城约 60 千米。华坤瀑布发祥于色南内河，自然风光秀丽，位于阿速坡省的人造林区域，宽约 200 米，高 10—15 米。该瀑布 1998 年作为旅游景区正式对外开放，景区附近有家庭旅馆和快餐厅。

04 达色帕瀑布

达色帕瀑布位于萨南赛县欣腊村，距离县城约 23 千米。达色帕瀑布坐落在色南汴河的干流上，是一个高约 23 米，宽约 120 米，面积超过 100 公顷的美丽瀑布，周边环绕着旖旎葱郁的自然风景。传说，从前在这一带有一个山洞，洞里有一尊可随处走动的神圣佛像。此外，洞里还有各种金银珠宝，古时候的人们每到节日或庆典，就会去洞里借物品用来装饰打扮，活动结束后再归还回去。后来有图谋不轨之人偷走了珍宝，有的人拿走后也不归还，这尊佛像就到别的地方去了，之后山洞便崩塌下来，直到今天再也没有人能进到山洞里。这就是达色帕瀑布名称的由来（"达色帕"是老挝语音译，有偏离了佛的瀑布之意）。

05 赛色塔提腊国王塔寺

　　赛色塔提腊国王是老挝最英勇的国王之一，他执政后曾统治过香通城 ❶ 和清迈城，并到拉玛腊洪甘城（阿速坡）整饬兵力。1572 年，赛色塔提腊国王被一个披耶 ❷ 实施阴谋诡计杀害。赛色塔提腊国王塔位于赛色塔县瓦塔村，距离阿速坡省城 15 千米，该塔在安放赛色塔提腊王（以前称为色塔旺索国王）骸骨的朱拉玛尼寺院之内。

❶ 即琅勃拉邦的古称。
❷ 老挝古代官职，相当于分封的王。

06 导弹

　　导弹位于桑赛县宋本（巴安）村，距离阿速坡省城约 31 千米。该导弹为苏联的 11 DMP-912 型导弹，是越南军队用中型军用卡车沿着 9 号公路从越南拉到老挝，于 1974 年到达巴安山的密林中并在那里过夜落脚。这是第二枚运往越南南部以便解放西贡的导弹。

07 木化石

木化石保护区位于赛色塔县哈汕村，距离省城约 24 千米，在 18B 号公路旁。这个自然风景区建于 2010 年，占地面积 36 公顷。保护区神奇之处在于，这里的树木自然风化成了石头或具备了石头的特性。木化石散落分布在这片原始森林里，非常神奇。

08 萨科寺

萨科寺是阿速坡省一座古老寺庙，位于赛色塔县萨科村，距沙玛奇赛县城约 25 千米。该寺安放着当地居民虔诚供奉的翁仙佛，人们相信，谁有机会来到这里参拜许愿，就会得到好运，如愿以偿。这里是深受国内外游客喜爱的旅游景区。

09 塔欣村制陶工艺

塔欣村隶属于沙玛奇赛县，距离省城约 6 千米。塔欣村出产陶器，这些陶器凝聚了村民们的聪明才智，已经有数代人的历史了。塔欣村的陶器大多是酒缸、鱼酱缸、碗、臼、水盆、

锅等，起初只是家庭自用和在村里进行少量交换，1994 年才开始销往阿速坡省内各个县。1999—2000 年举办老挝旅游年时，政府部门指导和推动形成商品生产，以供展出和销售，如今已成为闻名遐迩的产品，销往全国各地和周边国家。

10 达良族织布工艺

达良族织布工艺村位于沙玛奇赛县赛桑潘村，是一个从塞公省达津县搬迁到此处的达良族村寨。达良族人都有一手织布的好手艺，用腰间织布机织出来的"嘎多布""航布"花纹独特别致。这个民族喜欢围着村里的议事亭（凉亭）建房，围拢成一个圆圈。村内留有一块空地用来举行宗教仪式，比如每三年或五年举办一次的宰牛祭鬼的"驮笃"仪式。除此之外，这个民族还有针对青年男女婚嫁的习俗，男女青年结婚后必须分居 9 个月，他们认为这是对双方忍耐力和纯洁爱情的考验。

11 巴劳族村寨

普冯县冯维莱村是一个巴劳族村寨，距离阿速坡省城约 20 千米。巴劳族是一个从老挝北部搬迁到阿速坡省的民族，分散在该省的各个县，大部分居住在普冯县。巴劳族喜欢居住在高山上，主要职业是种植旱稻。该民族拥有自己的语言和文字，属孟—高棉语系。除此之外，他们还很会讲京语、晖语、由录语、雅艮语、萨当语和老挝语。巴劳族的穿着打扮很特别，无论男女都切掉上端的牙齿、打耳洞和纹身。服饰方面，妇女穿着嘎多筒裙配黑色上衣，喜欢用糯米竹梳子挽成发髻，或者用牛角棒插到头发里，用红色或白色棉线扎头发。装饰品方面，戴象牙耳坠，饰以铜珠手链，戴手镯和脚镯，嘴里叼着用铜、木头或大理石做成的卷烟杆。男子穿着兜裆布，挽发，喜用民间乐器如拉锣、居锣、侬能锣、冯锣和圆竹筒打着节拍唱"咔喃章"民调，甚是优美动听。

《游老挝》原著出版团队

顾问组：

萨利 · 品皮尼	旅游宣传司司长
端巴色 · 巴帕萨琅	旅游宣传司副司长
阿吉欧 · 福吉达	日本国际协力机构旅游宣传部旅游营销高级顾问

校审组：

宋培 · 乔翁萨	旅游宣传司副科长
杜拉康 · 潘达努冯	旅游宣传司工作人员

设计审核组：

巴孔赛 · 维冯	旅游宣传司工作人员

中央协调组：

萨辛 · 西努冯	旅游宣传司工作人员
桑维安 · 宁暖	旅游宣传司工作人员

省级协调组：

普松 · 赛亚拉	万象市新闻文化和旅游厅
康潘 · 苏达蓬	丰沙里省新闻文化和旅游厅
赛佳 · 杨勇瑟	乌多姆赛省新闻文化和旅游厅
努伊 · 冯麻尼占	琅勃拉邦省新闻文化和旅游厅
瓦林 · 端萨湾	波乔省新闻文化和旅游厅
麦康 · 萨旺佳嘎万	沙耶武里省新闻文化和旅游厅
万纳辛 · 利冯森	华潘省新闻文化和旅游厅
索西苏林 · 本亚唐	川圹省新闻文化和旅游厅
森登 · 和昂维莱	万象省新闻文化和旅游厅
赛康 · 班亚努翁	波里坎赛省新闻文化和旅游厅
松吉 · 皮内	甘蒙省新闻文化和旅游厅
宋萨努 · 乌达科	沙湾拿吉省新闻文化和旅游厅
乌泰 · 康松浦	占巴塞省新闻文化和旅游厅
和帕冯 · 苏万纳蓬西	沙拉湾省新闻文化和旅游厅
登 · 拉孔西（女）	塞公省新闻文化和旅游厅
沃拉乌 · 林塔冯	赛宋本省新闻文化和旅游厅